AVALLON

VILLE DE GUERRE

Par M. JOSEPH PRÉVOST

Extrait du Bulletin de la Société d'Études d'Avallon

(Années 1902-1903)

AVALLON

IMPRIMERIE E. ODOBÉ, Paul GRAND, SUCCESSEUR

14, rue de Lyon, 14

1904

AVALLON VILLE DE GUERRE

PREMIÈRE PARTIE

TECHNOLOGIE DE LA DÉFENSE

CHAPITRE Ier

APERÇU TOPOGRAPHIQUE

Lorsqu'on part d'Auxerre, par chemin de fer, pour venir à Avallon, on remonte d'abord la vallée de l'Yonne jusqu'à Cravant, puis celles de la Cure et du Cousin. Au fur et à mesure qu'on s'approche du Morvand, la vallée se resserre et les pentes s'accentuent, le paysage devient plus sévère et plus pittoresque. La voie quitte ensuite la vallée du Cousin pour suivre le flanc des collines qui forment, autour d'Avallon, une riche ceinture de vignobles. On arrive enfin sur un plateau très accessible, sans que rien n'ait pu faire soupçonner les escarpements qui le terminent. On est à Avallon.

Après avoir traversé la ville, assise sur la crête d'un plateau, le voyageur arrive sur une belle esplanade plantée de tilleuls.

Il éprouve alors un saisissement profond, en contemplant le plus merveilleux panorama de la Bourgogne :

A ses pieds, le Cousin, dont les capricieux méandres contournent des coteaux escarpés, déchirés par des rochers abrupts ; à gauche, le revers oriental de la ville, avec ses jardins en terrasses ; un ruisseau enserré par deux collines ; un faubourg gracieusement disséminé dans un vallon ; en face, un escarpement boisé, découpé par la noire silhouette des sapins, et couronné par un castel moderne ; puis une seconde vallée profonde dessinant les courbes d'une petite rivière ; des coteaux couverts de vignobles, à l'horizon ; des usines, des villas, un troisième vallon limitant la ville du côté du couchant, avec des détails variés à l'infini : tel est le spectacle admirable qu'on ne se lasse pas de contempler (1).

Si le touriste se retourne ensuite du côté de la ville, il est frappé du contraste : ce ne sont plus que murailles sévères, tours et bastions flanqués de tourelles, rappelant les fortifications d'un autre âge.

Avallon fut en effet une *Ville de Guerre,* et sa situation se prêtait admirablement à la création d'un poste avancé de la Bourgogne sur le Nivernais.

Cette ville a la forme d'un triangle irrégulier dont deux côtés sont défendus naturellement par des escarpements ; il suffisait de creuser des fossés sur le troisième côté et d'établir une enceinte continue pour en faire une cité presque imprenable. Aujourd'hui, avec les moyens de destruction que nous possédons, cette prétention ferait sourire. Il nous a paru néanmoins intéressant de signaler les circonstances qui, au moyen-âge, ont amené les Avallonnais à fortifier leur ville, de rappeler des épisodes qui honorent

(1) La démolition prochaine de deux maisons léguées à la Ville, par M. P. Houdaille, ancien notaire, et par sa sœur, Mme Geoffroy-Houdaille, achèvera le dégagement de ce site enchanteur.

la vaillance de nos aïeux et de rattacher les faits locaux à notre histoire nationale. Ces remparts que nous regardons souvent, d'un œil indifférent, n'ont plus rien à garder ; ces tours et bastions n'ont plus rien à défendre. Ils sollicitent néanmoins la curiosité de notre génération, car ils représentent une œuvre considérable, fruit de persévérants et coûteux efforts.

*
* *

Avant de rappeler les événements historiques qui ont eu leur répercussion sur les transformations de la cité, nous envisagerons le côté technique de la Défense d'Avallon, ville de faible importance, sans doute, comme population, mais remarquable, toutefois, comme poste avancé ou *ville frontière*. Il est bon de rappeler, en effet, qu'au xv° siècle les gens de Vézelay se disaient *de France* et ceux d'Avallon *de Bourgogne* (1): l'ennemi, c'était l'armée royale ! On disait en annonçant l'approche des troupes du roi : *Voilà les Français qui menacent Avallon* (2) ou : *les Français* sont devant Tonnerre (3).

On n'a aucune donnée précise sur les origines des fortifications antérieures au xve siècle ; mais, à partir de l'an 1404, on trouve de nombreux renseignements dans les archives de la ville, notamment dans les Comptes que rendaient annuellement les Receveurs pour leur justification. Ces comptes ne sont pas, comme on pourrait le croire, une sèche nomenclature de faits de dépense ; ils contiennent, au contraire,

(1) Archives de la Ville, CC 181 et DD 93.
(2) Quantin, *Annuaire de l'Yonne, 1852*.
(3) Archives de la Ville, CC 120.

des commentaires très suggestifs qui nous initieront aux luttes, aux mœurs et aux coutumes de ceux qui nous ont précédés dans cette vieille cité qu'ils ont aimée et défendue; nous citerons, en les soulignant, les détails présentant une saveur locale. Puis, après avoir condensé les renseignements relatifs aux fortifications, nous ferons une promenade, en suivant le chemin de ronde extérieur, et nous chercherons à reconstituer la physionomie de la ville forte du moyen-âge.

CHAPITRE II

DÉFENSE DE LA VILLE

La défense militaire d'une cité comportait autrefois, comme aujourd'hui ·

1° L'*Etablissement d'un systéme de fortification* en harmonie avec la topographie lôcale et avec l'importance de la position ;

2° La *Création d'un armement suffisant* ;

3° La *Réalisation des ressources nécessaires.*

C'est à ce triple point de vue que nous classerons le résultat de nos recherches sur *Avallon Ville de Guerre.*

Avant de décrire les différents facteurs de la Défense, nous donnerons la nomenclature et la signification des termes employés par le génie militaire pour la désignation des ouvrages défensifs. Nous les placerons par ordre alphabétique, afin qu'on puisse s'y reporter facilement au cours des descriptions qui vont suivre.

DÉNOMINATION ET ROLE
DES OUVRAGES DE FORTIFICATION

Barrières, Palissades, Clôtures. — Les *Barrières, Palissades, Clôtures sèches, clayonnages* étaient des défenses sommaires et provisoires destinées seulement à prévenir une surprise de l'ennemi, lorsqu'on réparait les murailles, les tours ou les portes. Nous trouvons dans les comptes de la ville de fréquentes mentions de ces ouvrages. Il y est fait aussi mention (en 1434 et 1438) de quantités de fagots achetés « *pour faire une soif* (clôture) *d'épines autour de la Ville* », laquelle était maintenue par des « *paulx* » ou piquets plantés de distance en distance (1). En 1617 des barrières et des palissades furent établies, dans le même but, sur les grands chemins et avenues de la ville (2).

Bastille ou **Bastide.** — Une *Bastille* ou *Bastide* était une fortification isolée, mais faisant cependant partie d'un ensemble destiné à défendre un point vulnérable ; souvent, elle n'était qu'un ouvrage d'attente.

La grosse tour ronde très anciennement construite pour défendre les abords de la Grand'Porte d'Avallon, reconstruite en 1404 (3) et en 1561 (4), n'était autre chose qu'une bastille.

Bastion, Guérite. — Le *Bastion* était un ouvrage saillant qui fut adopté, à partir du xvie siècle, pour flanquer les enceintes et empêcher, par des feux croisés. les approches de l'ennemi. Il remplaça les casemates et les bastilles devenues insuffisantes, lorsque l'artillerie eut acquis une grande puissance de destruction. Les fortifications d'Avallon, devenues surannées, furent renforcées en 1590-91 (5) par quatre bastions flanqués de tourelles ou *Guérites* posées en encorbellement sur l'angle saillant. La plate-forme du bastion était occupée par l'artillerie ; le guet se faisait par la guérite. C'est à tort qu'à Avallon on leur a donné le nom d'*Eperon* qui s'applique à un ouvrage de moindre importance.

(1) Archives de la Ville, EE '.

(2)   id.   id.   CC ¹¹¹.

(3)   id.   id.   CC 81.

(4) Archives de la V., CC 168.

(5) Date gravée sur la guérite de l'éperon Gally.

Boulevard (ou *Demi-Lune*). — On désignait ainsi, au xv⁰ siècle, une fortification avancée destinée à l'installation d'une batterie d'artillerie pouvant être opposée à des canons de siège ; ce fut d'abord un terrassement élevé, gazonné extérieurement ou revêtu d'un perré, surmonté de murettes ou de palissades peu élevées permettant un tir rasant ; puis il devint une défense permanente en maçonnerie, munie de *créneaux* et protégée par des fossés. Sa forme était habituellement demi–circulaire, d'où le nom de *Demi-Lune*. Les trois portes d'Avallon eurent leur boulevard, ainsi que le saillant dit de Beurdelaine (voir le plan du front nord de la forteresse). Le boulevard de la Grand'Porte fut seul construit tout d'abord (1442) en maçonnerie : il avait quatre créneaux et trois canonnières (disent les comptes de la Ville) ; les petits murs de la terrasse étaient couronnés de chaperons en pierre de taille ; les autres boulevards étaient en charpente (1) ; cependant celui de la Porte Auxerroise fut refait en maçonnerie en 1625 (2).

Casemate. — Une *Casemate* était un réduit souterrain voûté d'où les arbalétiers ou les arquebusiers pouvaient, par des meurtrières, surveiller et défendre les courtines, les portes et les fossés. Il en fut construit aux abords des deux portes principales d'Avallon, au pied de la tour de Beurdelaine et sous celle de Pontaubert.

Château, Donjon. — Conformément à la tradition romaine, la fortification d'une ville, au moyen-âge,

____

(1) Archives de la V., CC 115. | (2) Archives de la V., CC 233.

comprenait une enceinte ou muraille construite autour de la ville, et une seconde enceinte intérieure ou *Château* commandant la ville et les dehors (voir le plan général de la Ville). Souvent une fortification isolée commandait le château lui-même : c'était le *Donjon*, dernier refuge de la défense. Le château était toujours construit au point culminant de la cité ; il touchait à l'enceinte de la ville, afin de favoriser les sorties de la garnison et l'introduction des secours ; il réunissait, dans un espace restreint, tous les moyens défensifs de l'enceinte.

Avallon avait son château au point le plus élevé de la ville, défendu par une vieille tour ou donjon, qui servit plus tard de prison. Le mur d'enceinte le limitait, à l'ouest et à l'est, et une autre muraille le séparait de la ville.

Chauffault (terme local employé pour *Echafaud*). — Cet ouvrage en charpente qui, d'après les comptes de la Ville, fut établi au xvᵉ siècle sur la Grand'Porte, sur la Vicomté, sur la tour primitive du Haut-Pan (tour carrée), etc., paraît avoir été un poste d'observation. Il ne pouvait avoir qu'une durée fort limitée.

Chemins de Ronde. — Il était important de pouvoir circuler librement tout le long de l'enceinte : à l'extérieur, pour y exécuter les réparations ; à l'intérieur, afin de pourvoir rapidement aux nécessités de la défense.

Deux *Chemins de Ronde* existaient donc autour de la ville : l'un au-dessus des courtines, faisant communiquer les tours entre elles et avec les portes, les *eschifs*, les *créneaux*, etc. ; on construisait et entretenait le chemin « *de toutes les murailles par le de-dans, de telle façon que, commodément, on pût y faire gardes, rondes et sentinelles, sans neul dangier* » (1) ; l'autre était établi au pied des murailles. Ce dernier était parcouru par les processions autour de la ville qui eurent fréquemment lieu à Avallon en temps d'épidémies (2) : on y portait « *le précieux et digne chief de Monseigneur Saint-Ladre* » (3). Ce chemin existe encore en grande partie ; quant au chemin de ronde intérieur, il a été réuni aux propriétés voisines après l'abandon des fortifications. Un seul tronçon a été conservé entre la tour des Vaudois et l'éperon Gally.

Clôtures. — (Voyez *Barrières, Palissades, Clô-tures.*)

Contrescarpe. — (Voyez *Fossé, Escarpe, Con-trescarpe.*)

Courtine. — (Voyez *Enceinte, Courtine.*)

Créneau, Merlon, Meurtrière. — Sous le nom de *Créneau,* il faut entendre toute ouverture ménagée au sommet d'une tour ou d'une courtine, pour le guet et la défense ; l'intervalle situé entre deux créneaux s'appelle *Merlon.* Ce dernier avait la hauteur nécessaire pour abriter un homme ; les appuis des créneaux étaient à environ 1 mètre de hauteur au-dessus du chemin de ronde. Le merlon était percé

(1) Archives de la Ville, CC 173.
(2)   id.   id.,   CC 84 et 136.
(3)   id.   id.,   CC 136.

d'une ouverture verticale appelée *Meurtrière* ou *Archère,* servant à viser et permettant un tir plongeant.

Des créneaux existaient sur les courtines, de chaque côté de la Porte Auxerroise (1), de la Grande Porte et de la Petite Porte.

Ces ouvrages, couronnant les murs et étant construits en pierre de taille, furent appelés les premiers à disparaître lorsqu'on délaissa les fortifications.

Demi-Lune. — (Voyez *Boulevard.*)

Donjon. — (Voyez *Château, Donjon.*)

Echafaud. — (Voyez *Chauffault.*)

Echauguette. — (Voyez *Tour, Echauguette.*)

Embrasure. — L'*Embrasure* était une baie percée dans un mur de forteresse, tour ou muraille, ou dans un parapet de couronnement pour y placer une pièce d'artillerie et donner passage au projectile. Au xvᵉ siècle, les anciennes tours n'étant pas pourvues d'embrasures, on dut y pratiquer des ouvertures plus ou moins évasées permettant d'y installer de l'artillerie et de battre les dehors par un tir oblique. A Avallon, il existe des embrasures dans les six tours encore subsistantes et même dans la courtine, près de la tour Gaujard. Mais en lisant les comptes du xvᵉ siècle, où elles sont désignées sous le nom de *Canonnières,* nous constaterons qu'elles ont été ou-

(1) Archives de la Ville, CC 84 et 85.

vertes après coup (1), ce qui prouve que ces tours n'étaient pas appelées, à l'origine, à recevoir des canons, sauf, peut-être, la tour Gaffey, de construction plus récente.

Enceinte, Courtine. — Toute ville fortifiée était, au moyen-âge, entourée d'une *Enceinte* continue, parfois même de deux enceintes peu éloignées l'une de l'autre, c'est-à-dire à une petite portée d'*arbalète*, l'arme du temps. L'enceinte, construite en maçonnerie, suivait les reliefs du sol et présentait des *fronts* en ligne droite et des *angles* ; elle formait mur de soutènement pour les terres qu'on accumulait en arrière. Des tours étaient généralement construites dans les angles. Le pan de muraille, entre deux tours, s'appelait *Courtine*. La courtine était habituellement couverte en pierre de taille (2) et surmontée de créneaux aux abords des portes. On y dressait parfois des *Ratheaux* (3), terme local désignant des gabions à claire-voie qu'on remplissait de pierres.

Les murailles, en raison des terres qu'elles supportaient, étaient sujettes à des écroulements et à de fréquentes réparations. On cite notamment, dans les Comptes, les dégâts occasionnés en 1601 (4) par un orage épouvantable qui abattit trois des quatre clochetons qui surmontaient le clocher de Saint-Lazare, et provoqua plusieurs éboulements importants dans la courtine de l'est ; d'autres réparations faites en 1666 pour la fermeture d'une grande brèche, près de la Porte Auxerroise (5), etc.

(1) Archives de la V., CC 85
(2)   id.   id.,   CC 81
(3)   id.   id.,   CC 169

(4) Archives de la V., CC 213.
(5)   id.   id.,   EE. 8.

La distance des tours était calculée de façon à ce que tous les points des courtines fussent accessibles aux traits des arbalétiers ; cette distance ne dépassait pas 150 mètres.

Telle était, dans son ensemble, l'enceinte fortifiée de notre ville, dans laquelle on pénétrait par trois portes.

Eperon. — (Voyez *Bastion*.)

Escarpe. — (Voyez *Fossé, Escarpe, Contrescarpe*.)

Eschif ou **Sentinelle.** — L'*Eschif*, désigné aussi dans les comptes de la Ville sous le nom local de *Sentinelle* ou de *Monniau,* était une petite fortification flanquante destinée à défendre les approches d'une porte, enfiler un fossé, remplacer une tour ; cette défense provisoire, en charpente, pouvait être assise sur une muraille ou dans le voisinage d'une tour en réparation. L'eschif était couvert et servait à abriter les arbalétiers et les arquebusiers. Il faisait saillie sur la courtine et avait des meurtrières sur trois faces, la quatrième s'ouvrant sur le chemin de ronde. Des eschifs furent construits à diverses époques : à l'emplacement de la *Grosse-Tour* ou *Bastille*, après sa démolition ; sur le mur d'enceinte, non loin de la

N° 1 — Eschif

Grande Porte (1) ; à proximité de la Petite Porte (2) ;
sur la tour de Pontaubert (3), etc.

L'eschif était employé pour suppléer d'autres ouvrages plus importants ; il parait avoir servi surtout,
à Avallon, à protéger les portes et les points faibles
de l'enceinte.

Fausse-Braye. — On appelait *Fausse-Braye* un
ouvrage, le plus souvent palissadé ou clayonné (4),
construit en dehors des murs pour abriter les
arquebusiers. Il avait l'avantage de développer
le front de défense sans gêner l'artillerie des remparts
ou des bastions. Lorsque cet ouvrage devait constituer une défense permanente, il était formé par
des murs peu élevés, chaperonnés comme ceux des
boulevards.

Des fausses-brayes en maçonnerie furent construites
à Avallon, dans ces conditions, de 1440 à 1450, au
pied des courtines faisant face au plateau des Chaumes (5) : c'était la partie la moins protégée par les
tours.

Fossé, Escarpe, Contrescarpe. — Pour augmenter les difficultés d'accès des villes fortifiées, on
les entourait de *Sauts-de-Loups*, fossés de faible profondeur, ou même de grands *Fossés* pouvant être
remplis d'eau lorsqu'on se trouvait à proximité d'une
rivière ou d'un ruisseau. Des digues gazonnées

(1) Archives de la Ville, CC 93 et CC 175.
(2)   id.   id.,   CC 88.
(3)   id.   id.,   CC 199.
(4)   id.   id.,   CC. 108 : on disait *natier* pour natter
ou clayonner les fausses brayes.
(5) Archives de la Ville, CC 90 à CC 100.

étaient formées par la terre des fossés ; le revers, du côté de la place, s'appelait *Escarpe* ; le revers extérieur, *Contrescarpe*.

A Avallon, un fossé n'était utile que dans la partie Nord de la ville, les autres côtés étant naturellement défendus par des escarpements. Un fossé fut donc creusé depuis la tour de Beurdelaine jusqu'à celle de Pontaubert.

Guérite. — (Voyez *Bastion, Guérite.*)

Herse. — (Voyez *Porte, Poterne, Portail, Herse.*)

Mâchicoulis. — On appelait *Mâchicoulis* une galerie ajourée couronnant les portes, les tours et quelquefois les courtines. Cette galerie était portée par des consoles très saillantes qui laissaient entre elles des vides permettant de défendre le pied des murailles. Les trois portes d'Avallon avaient des mâchicoulis d'où l'on jetait des projectiles ou de l'eau bouillante sur les assaillants (1).

Merlon. — (Voyez *Créneau, Merlon, Meurtrière.*)

Meurtrière. — (Voyez *Créneau, Merlon, Meurtrière.*)

Palissade. — (Voyez *Barrière, Palissade, Clôture.*)

Pont. — (Voyez *Fossé, Pont.*)

Portail. — (Voyez *Porte, Poterne, Portail, Herse.*)

(1) Victor Petit, *Porte Auxerroise.*

Porte, Poterne, Portail, Herse. — Pour pénétrer dans l'enceinte d'une ville fortifiée, il fallait passer par des *Portes* ou des *Poternes* fermées la nuit par de solides vantaux et rigoureusement gardées. Les portes, d'une largeur strictement suffisante pour le passage des charrettes, étaient habituellement couvertes et toujours fortement protégées. Indépendamment des vantaux ferrés qui fermaient les entrées, le passage était précédé d'un pont-levis et intercepté par une *Herse,* lourde trappe à claire-voie, s'engageant verticalement dans deux rainures latérales. Cette herse est désignée parfois dans les Comptes sous le nom de *Grille* (1). Elle se relevait ou s'abaissait au moyen d'un treuil situé à l'intérieur.

La porte principale était ordinairement précédée d'une porte avancée ou *Portail* servant à manœuvrer le pont-levis.

On accumulait, aux abords des portes, tous les moyens de défense : palissades, barrières, boulevards, qu'il fallait enlever ; tours ou bastilles extérieures, devant lesquelles il fallait défiler ; fossés qu'il fallait combler ; mâchicoulis par lesquels les assiégés lançaient des projectiles ou des liquides brûlants ; créneaux, meurtrières, eschifs, d'où partaient une grêle de projectiles ; herse et ais en chêne bardés de fer, qu'il fallait briser, etc. On voit qu'il était difficile de forcer une entrée de ville ainsi défendue.

Telles étaient les deux portes principales d'Avallon, à la fin du xvie siècle.

Cependant, en 1432 (sous Charles VII), le capitaine d'Espailly, dit *Fort-Epice,* put pénétrer dans la ville

(1) Archives de la Ville, CC 105.

par la *Grand'Porte*, ainsi que nous le verrons dans la partie historique de cette notice. C'est qu'alors le service du guet n'était pas organisé ; le boulevard fortifié (1442), les màchicoulis (1478), les deux tours rondes encadrant la porte (1571) (1), n'existaient pas encore.

On fut donc conduit, par les nécessités de la défense, à exécuter à la Grand'Porte, de 1570 à 1578, un ensemble de travaux importants dénommés aux Archives *La Grande Porterie*, comprenant : « *deux tours, voultes, bapterie et porterie pour la tuition et deffense d'icelle* » (2).

La *Porte Auxerroise*, au commencement du xvᵉ siècle, était elle-même fort délabrée et la prise de la Grand'Porte par Fort-Epice, en 1432, fit ressortir l'insuffisance des défenses de la Porte Auxerroise. Des améliorations y furent exécutées de 1444 à 1454.

Indépendamment des deux portes principales, une poterne à deux issues (3), appelée la *Petite Porte* ou *Porte de Corbereau* ou encore *Porte Malvoichien* (du mauvais chien), donnait accès dans la ville du côté du Morvand. Comme les autres entrées, elle était protégée par des màchicoulis, par une tour ronde, par un eschif et par un boulevard, auxquels fut ajouté un bastion en 1591.

Un pont-levis et un corps de garde existaient à chaque porte ; le pont-levis était levé et les portes fermées pendant la nuit ; la Porte Auxerroise et la Petite Porte furent même souvent murées en temps

(1) Archives de la Ville, CC 177.
(2)   id.   id.,   EE 5 et CC 183.
(3)   id.   id.,   CC 92 (réparation à deux poternes

de guerre, et l'on ne pouvait plus pénétrer dans la ville que par la Grand'Porte.

Poterne. — (Voyez *Porte, Poterne, Portail, Herse.*)

Sentinelle. — (Voyez *Eschif.*)

Tour, Echauguette. — Les *Tours* devant faire face aux assaillants étaient rondes, lorsqu'elles étaient isolées, ou simplement arrondies extérieurement, lorsqu'elles tenaient à l'enceinte par leur diamètre ; on disait alors qu'elles étaient *à gorge ouverte* : elles s'ouvraient ainsi librement sur la ville, afin d'empêcher l'ennemi de s'y établir, s'il parvenait à s'en emparer. Lorsqu'elles durent résister au canon et en être armées elles-mêmes, on y pratiqua des *Meurtrières* ou *Canonnières* avec *Embrasures* intérieures pour mouvoir l'artillerie. Ces meurtrières étaient pratiquées de façon à dominer l'escarpe et la contrescarpe. Les tours étaient divisées en plusieurs étages ; elles avaient une toiture pour abriter les archers ou arquebusiers qui occupaient l'étage supérieur ; les coulevriniers, avec leurs engins, occupaient le rez-de-chaussée de plain-pied avec la ville. Elles servaient parfois au guet en même temps qu'à la défense ; on les couronnait alors par une guérite en charpente ou *Echauguette* d'où l'on pouvait observer l'ennemi. On disait *escargaiter* pour garder, épier. La tour de l'*Escharguet*, dont nous donnerons la description, tirait son nom de l'échauguette construite dans sa toiture (1467) (1). On cite encore, dans les Comptes,

____

(1) Archives de la Ville, CC 116.

des ouvrages en charpente appelés *Monniaulx*, sortes
de vigies que l'on plaçait au sommet des murailles (1).

La plupart des tours avaient, sous leur corniche,
quatre ou cinq baies ou *créneaux* pour les arquebusiers qui circulaient à couvert de l'un à l'autre, au
moyen d'une galerie intérieure. Ces baies, pourvues
plus tard de chassis vitrés (1492) (2), devinrent des
fenêtres, quand on dut y loger des prisonniers de
guerre.

Lorsque, pour la manœuvre des canons dans les
tours, on eut pratiqué des meurtrières à leur base,
on reconnut, après l'explosion provoquée à la Grande
Porte en 1591, que ces ouvertures, très accessibles
de l'extérieur, présentaient un danger en permettant
l'introduction d'explosifs. Aussi, l'année suivante, on
remplit de terre et de fascines les tours les plus exposées : la tour de *Pontaubert*, celles des *Vaudois*, de
Gaffey, de *Bèze* et de l'*Escharguet*, « *pour esvitter d'y
estre applicqué saulcisse par le bas* » (3).

** **

Les notions qui précèdent étaient nécessaires pour
nous guider dans la promenade de reconnaissance
que nous allons entreprendre. Nous nous intéresse-
rons davantage aux débris que nous rencontrerons
sur notre chemin, si nous pouvons apprécier leur rôle
dans un ensemble de travaux qui exigea, on peut
déjà le pressentir, des efforts et des sacrifices consi-
dérables. Lorsque nous aurons, par la pensée, recons-

(1) Archives de la Ville, CC 120.
(2)   id.   id.,   CC 132.
(3)   id.   id.,   CC 198.

titué la cité du moyen-âge, lorsque nous pourrons voir nos ancêtres revivre dans le milieu qui fut le théâtre de leurs luttes et de leurs succès, nous prendrons un intérêt plus particulier à encadrer la chronique locale dans l'histoire de la province.

LE TOUR DE VILLE

Pour visiter nos fortifications, nous suivrons un itinéraire qui nous conduira de l'hôtel de ville actuel au front nord de l'enceinte ; c'était le point le plus intéressant de la forteresse ancienne que nous chercherons à reconstituer.

Les deux plans ci-dessous faciliteront notre description :

PLAN DE LA VILLE D'AVALLON (1590)

APRÈS L'ACHÈVEMENT DES FORTIFICATIONS

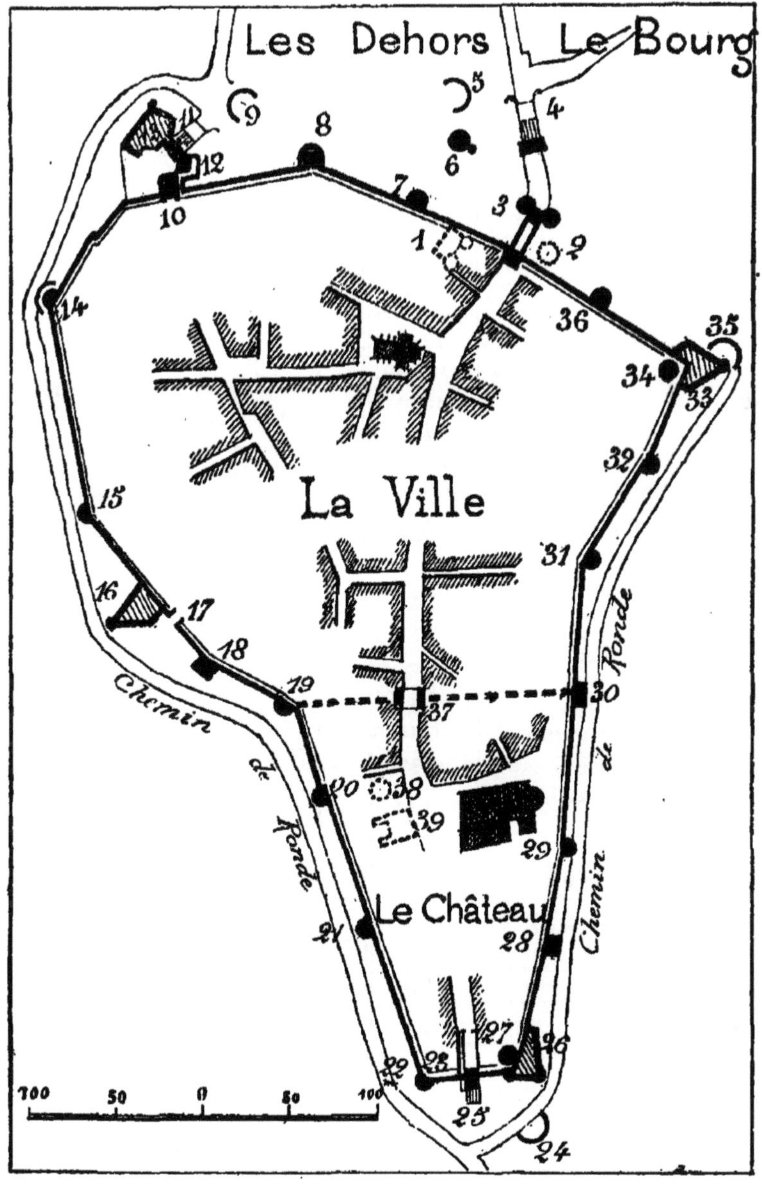

Nº 2. — Le Tour de Ville.

LÉGENDE DU PLAN CI-CONTRE

N° d'ordre	DÉNOMINATION des OUVRAGES	DATES de construct. et de reconstruction
	CASTELLUM (Château)	
37	Portail de la Boucherie (Tour d'Horloge)	1455
38	Donjon	X (1)
39	Château des Comtes (des Ducs, du Roy)	X (1)
	—	
	PORTES	
3	Grand'-Porte. { Avant-Porte	1178-1594
	Pte de la Bastil'e	1210
	Porte de Bicêtre	1178-1591
	Passage voûté	1570
10	Porte-Auxerr. { Avant-Porte	1466
	Pavillon-Porte	1210-1119
23	Petite-Porte { Pte Mauv.-Chien	X -1768
	Pte de Corberaul	X (1)
17	Porte-Neuve	1720
	—	
	BOULEVARDS	
5	de la Grand'-Porte	1112-1190
9	de la Porte-Auxerroise	1166-1625
21	de la Petite-Porte	1536
35	du Coin-de-Beurdelaine	X (1)
	—	
	BASTIONS	
13	de la Porte-Auxerroise	1590
16	de la Côte-Gally	1590
26	de la Petite-Porte	1590
33	de la Pointe-Beurdelaine	1590
	—	
	CASEMATES	
6	de la Grand'-Porte	X (1)
12	de la Porte-Auxerr. (et Tour)	1404-1455 1582
14	de Pontaubert (et Tour)	1582-1553

N° d'ordre	DÉNOMINATION des OUVRAGES	DATES de construct. et de reconstruction
	PONTS-LEVIS	
4	de la Grand'-Porte	1478-1701
11	de la Porte-Auxerroise	1466
25	de la Petite-Porte	X (1)
	—	
	MAISONS-FORTES	
1	Hôtel de la Vicomté	1328 Acquisition
39	Château du Roy	X (1)
	—	
	TOURS	
2	Bastille	1404-1561
7	Tour Gaffey (ou de l'Arquebuse)	X (1)
8	Tour de l'Oiseau (ou du Haut-Pan)	1455-1493
12	Tour carrée de la Porte-Auxerroise, et Casemate	1404-1455 1582
14	Tour de Pontaubert (ou d'Asquins), et Casemate	1553-1582
15	Tour des Vaudois	X (1)
18	Fort-Mahon	X (1)
19	Tour de Bèze	X (1)
20	Tour du Chapitre	1450
21	Tour Boisselet	X (1)
22	Tour Gaujard (de Cousin-le-Pont)	1138
27	Tour de la Petite-Porte (de Cousin-la-Roche)	1404-1438 1589
28	Tour d'Auxon	1562
29	Tour des Minimes	X (1)
30	Tour Pascault	1562
31	Tour de l'Escharguet (de l'Elu)	X (1)
32	Tour Friant	X (1)
34	Tour Beurdelaine (du Magasin)	1404-1435
36	Tour de Presle	1443
37	Portail de la Boucherie (Horloge)	1455
38	Donjon	X (1)

(1) Date incertaine.

La Place Saint-Julien. — Nous nous dirigeons de la place Saint-Julien ou du Marché, autrefois occupée par une église et un cimetière, vers l'entrée nord de la ville, qu'on appelait la *Grand'Porte*. Nous nous arrêtons à une petite rue appelée *Ruelle du Tripot*. Au fond de cette ruelle et à droite se trouvait l'*Hôtel de la Vicomté*.

L'Hôtel de la Vicomté. — Avant de parler de la résidence des vicomtes d'Avallon, disons un mot de leur fonction. Ils représentaient à Avallon les ducs de Bourgogne ; mais leur influence était limitée à la perception des droits *d'usage*, c'est-à-dire de chasse ou de pêche, dans les forêts et sur la rivière du Cousin, et à celle du *ban vin de mai*, droit payé par les étrangers vendant du vin au détail pendant 15 jours du mois de mai (1). Ils furent aussi préposés par les ducs de Bourgogne à la direction de l'artillerie (2).

Le plus ancien vicomte connu s'appelait *Nicolas* : il vivait à la fin du XIe siècle (2). Puis vinrent d'autres vicomtes dont on connaît à peine les noms.

Au XIVe siècle apparaissent, comme vicomtes, les sires de Chastellux qui conservèrent cette charge jusqu'à la révolution.

En 1328, l'*Hôtel de la Vicomté* fut acquis par Jean de Beauvoir, sire de Chastellux, de demoiselle Simone de Barges et de Renaud d'Autun (pour le tiers d'une tour). En novembre 1433, le duc de Bourgogne étant à Vézelay, après la reprise d'Avallon sur les troupes royales, « *donna congé* » à M. de Chastellux de fortifier la vicomté, de façon à ce qu'elle pût servir à la

(1) Archives de la Ville, CC 5.
(2) E. Petit, *Avallon et l'Avallonnais.*

défense générale ; et l'année suivante, en exécution
de cet ordre, la duchesse de Bourgogne, Isabelle de
Portugal, en l'absence de son mari, occupé dans les
Flandres, délivra au sire de Chastellux des lettres-
patentes obligeant les habitants d'Avallon au guet et
à la garde de l'hôtel, avec contribution, par corvées,
aux travaux de la vicomté (1).

On ignore ce qu'était exactement cette résidence,
dont il ne reste plus trace. On sait seulement, par un
devis dressé en 1484, par Jean de Croissy, seigneur
de Blaisy (2), concernant la restauration de l'édifice,
qu'elle était située près de la Grand'Porte et séparée
de la muraille par un fossé, sur lequel était jetée une
passerelle s'élevant et s'abattant du côté de la vicomté;
d'après ce devis, la petite tour devait être exhaussée
à la hauteur de la grosse, et les deux tours sur-
montées d'eschifs en charpente, etc. Un pertuis de
bombarde y fut pratiqué en 1414 (3).

Un terrier de 1486 la désigne comme « *maison forte
de murailles, sans huys, fenestres, couverture, join-
gnant la Grand'Porte* » (4), ce qui n'implique pas
un brillant état d'entretien.

On sait aussi que le vicomte Olivier de Chastellux
vendit en 1601 à la commune d'Avallon, moyennant
400 écus, une « *vieille et anticque place vuide et sans
aulcung édifice, environnée et traversée de murailles
fort antiennes, avec les rentes et redevances à lui
dehues sur les boutiques à présent basties au-devant
la dicte place contiguë aux murailles et fossés d'icelle*

(1) M. le comte H. de Chastellux.
(2) Archives de la Ville, EE². Copie faite en 1629.
(3)   id.   id.,   CC 83.
(4)   id.   id.,   II¹.

ville » (1) ; que la même année, M. de Chastellux demandait à la ville le paiement des matériaux pris par elle en la vicomté (2) ; ce qui laisse supposer qu'en 1601 l'hôtel était démoli depuis quelque temps déjà et l'emplacement délaissé, que, par conséquent, les sires de Chastellux, bien que conservant leur titre de vicomtes, n'avaient plus de résidence officielle à Avallon à la fin du xvi° siècle.

Un éperon fut élevé en 1617 à l'emplacement de la vicomté et près de la Grand'Porte, pour y mettre de l'artillerie : les travaux furent exécutés par un sieur Rauldot, maître-maçon (3).

Plus tard, enfin, une construction vulgaire fut édifiée sur ce terrain ; on y installa une maison de jeu ou *Tripot* qui donna son nom à la ruelle voisine. En 1702, elle abrita le *Jeu de Paume* et fut convertie, à la fin du xviii° siècle, en logis particuliers, destination qu'elle a conservée jusqu'à nos jours.

La Grand'Porte. — On communiquait de l'hôtel de la vicomté à la *Grand'Porte* par une rue étroite et commerçante appelée la *Rue de la Vicomté,* laquelle correspondait à peu près à la ruelle actuelle du *Tripot*. A quelques pas, sur le chemin de Dijon, se trouvait la Grand'Porte donnant sur la campagne.

La physionomie de ce quartier s'est singulièrement modifiée depuis trois siècles ; nous essaierons toutefois de le dépeindre tel qu'il était vers l'année 1600 (voir le plan n° 3).

Le nom de *Grand'Porte* s'appliquait à deux groupes

(1) Achives de la Ville, DD 7 et CC 208.
(2)   id.   id.,   BB³.
(3)   idr   id.,   DD 17 et EE¹.

séparés : la *Porte* proprement dite et l'*Avant-Porte*.

La Porte formait trois corps :

1° Une porte intérieure remontant à 1210 qu'on appela la *Bastille,* du nom d'une tour voisine ;

2° Une porte extérieure appelée *Bicêtre,* construite en avant de la première, en 1478 (1), flanquée de deux tours rondes en 1572 (2) et protégée par des màchicoulis (3). Elle formait pignon entre les deux tours, et son portail était décoré des armes de Bour-gogne (4) ;

3° Un *passage voûté* construit en 1570 (5) qui réu-nissait les deux portes. Les boutiquiers, surtout les cloutiers, y plaçaient des étals pour y exposer leurs marchandises, au point d'obstruer la circulation (6). Ce passage rétréci et obscur ne fut éclairé, la nuit, *par une chandelle,* qu'à partir de 1700, « *comme estant très dangereux dans le temps de la nuict* » (7).

Il est permis de douter de la salubrité de ce quar-tier, aujourd'hui si bien aéré, en relevant dans les Comptes la mention d'une dépense inusitée faite à l'occasion de l'arrivée de Monseigneur de Bourgogne : *Payé 7 gros* (8) pour journées employées « *à oster la fange, terre et ordures qui estoient dés la Grand'-Porte* » (9). et d'une ville à peine pavée (10), où l'on pouvait impunément jeter sur la voie publique, en criant : « *Gare à l'eau !* », le contenu douteux d'un récipient quelconque (11) ; où l'on enlevait tous les

<table>
<tr><td>(1) Archives de la V., CC 123.</td><td>(8) La livre valait 20 sous ou</td></tr>
<tr><td>(2)   id.   id.,   CC 178.</td><td>12 gros ; le gros 4 blancs ;</td></tr>
<tr><td>(3)   id.   id.,   CC 182.</td><td>le blanc 3 doubles ou niquets ;</td></tr>
<tr><td>(4)   id.   id.,   CC 94.</td><td>le sou 12 deniers.</td></tr>
<tr><td>(5)   id.   id.,   CC 176.</td><td>(9) Archives de la V., CC 81.</td></tr>
<tr><td>(6)   id.   id.,   BB 9.</td><td>(10)   id.   id.,   CC 192.</td></tr>
<tr><td>(7)   id.   id.,   CC 304.</td><td>(11)   id.   id.,   FF 36</td></tr>
</table>

15 jours seulement, *en temps de peste* et *par prescrip-
tion spéciale, « les immondices qui se faisaient sur le
marchepied des murailles et dans les tours de la ville,
pour en ôter la putréfaction »* (1).

L'Avant-Porte. — Indépendamment de ces trois
corps, une *Avant-Porte* fut construite en 1478, à
25 mètres environ en avant de la porte de Bicêtre. Ce
portail, abrité, du côté de la ville, par une toiture en
appentis, se trouvait exactement à l'extrémité nord
de la Grande-Rue actuelle ; il servait à la manœuvre
du pont-levis. Il fut réuni plus tard à la Grand'Porte,
dont il formait une dépendance, par une rue qui devint bientôt le centre du commerce.

Le dessin ci-contre donne l'aspect général de cette
entrée de la ville forte avant qu'elle ne fut obstruée
par les constructions parasites tolérées au xvii° siècle.

Les bâtiments de Bicêtre furent affectés en 1725
au logement des mendiants valides et des vagabonds,
*« en attendant la perfection du nouvel hôpital com-
mencé hors l'enclos de la ville »* (3). Les deux
tours où logeait le portier abritaient, en 1739, quantité de munitions : boulets, ferraille, couleuvrines
« rompues », etc., qui furent transportés au magasin
d'artillerie (tour de Beurdelaine) (4). En 1757, deux
chambres furent aménagées pour installer provisoire-
ment les archives de l'hôtel de ville (5), dans la tour
de l'ouest qui fut appelée *Tour Contentieuse.*

(1) Archives de la Ville (en 1586), CC 192.
(2)   id.   id.,   BB 19 ª et DD 150.
(3)   id.   id.,   EE 9.
(4)   id.   id.,   CC 345.
(5)   Id.   id.,   BB 15.

Nᵒ 4. — LA GRAND'PORTE (1)

Perspective cavalière

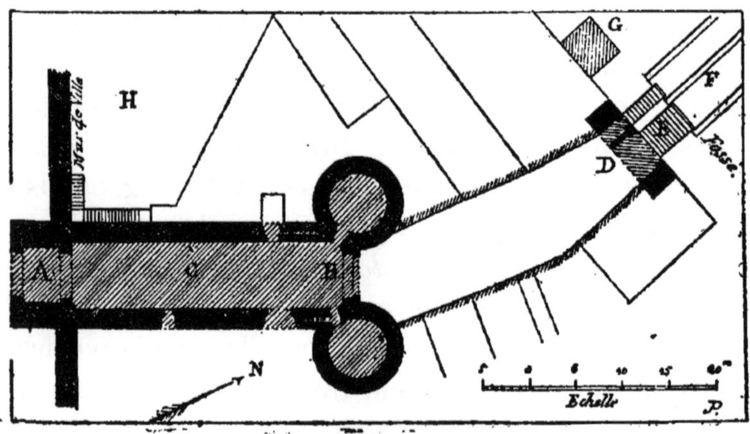

Plan

LÉGENDE DU PLAN

A Porte de la Bastille (1210). — *B* Porte de Bicêtre (1478). — *C* Passage voûté (1570). — *D* Avant-Porte (1478). — *E* Pont-Levis (1478). — *F* Pont fixe (1478). — *G* Corps de garde. — *H* Cour du Dépôt des mendiants. — Tours rondes (1572).

(1) Archives de la Ville, DD 150.

À la fin du xviiie siècle, après un siècle d'abandon, les trois portes d'Avallon menaçaient ruine ; les pierres qui s'en détachaient compromettaient la sécurité des passants. D'autre part, la ville cherchait à déborder son enceinte et elle ne pouvait s'étendre que du côté du nord ; les portes étaient devenues encombrantes et nuisibles : leur disparition s'imposait.

Par ordonnance du 31 juillet 1764 de l'Intendant de Bourgogne, la commune avait été autorisée, sur sa requête, à vendre un quart de ses réserves, pour leur produit être affecté à la démolition des portes ; ces portes, disait la requête, « *formant des réceptacles d'ordures et des retraites ténébreuses où il se commet d'infâmes abus et désordres* ».

Il fut pourvu d'urgence à la démolition de la Petite Porte (1764) en prévision de la construction de la route du Nivernais.

Mais survint l'ordonnance royale du 23 novembre 1775 (1) qui, confirmant un édit de 1696, réunissait au Domaine l'emplacement des murs, remparts, fossés et fortifications de la ville. C'était une véritable confiscation qui devait retarder la solution désirée.

Nonobstant cette ordonnance, le maire Champion insista, par une requête du 15 juin 1776, sur l'urgence de la démolition de la Grand'Porte ; il fit faire une expertise et estimer la valeur des matériaux. L'expert Caristie, dans son procès-verbal du 22 juillet 1776, constate qu'il y a quatre arcades en pierre de taille, la première portant les traces d'un pont-levis, et un pignon entre les deux tours ; ce qui suffit à déterminer l'aspect général de cette entrée.

____

(1) Archives de la Ville, EE 10¹³.

Le 19 janvier 1777, l'Intendant de la Province ordonnait de consulter la municipalité et les habitants.

Le 13 juillet suivant, l'assemblée générale des habitants donnait un avis favorable à la démolition.

Par ordonnance royale du 21 octobre 1783, le Domaine faisait abandon, à la commune, de la Grand'-Porte et de ses dépendances, moyennant une rente annuelle et perpétuelle de 105 livres.

Enfin, le 19 août 1789, par délibération du Corps de Ville, il fut décidé qu'on procéderait à la démolition : elle fut immédiatement réalisée aux frais de la commune.

On put alors commencer l'exécution d'un plan élaboré dès l'année 1776 par le maire Champion, pour l'assainissement et l'embellissement de la ville ; ce plan comportait la réfection de la rue avec façades uniformes, telle qu'on la voit aujourd'hui (1).

La Bastille. -- La *Bastille* était une grosse tour ronde construite à proximité de la Grand'Porte à laquelle elle donna son nom. On sait seulement, de manière certaine, que cette tour très ancienne fut «*faicte* **de nouvel** (1404) *ès murs d'Avallon assis près la Grand'Porte* » et qu'elle portait à son sommet « *un plommeau pour y meetre une bannière pointe* (sic) *aux armes de Monseigneur le duc de Bourgogne* » (2) ; qu'on y pratiqua une meurtrière en 1414 pour y installer une grosse bombarde envoyée de Dijon (3) ; qu'en 1428, elle était déjà démolie et qu'elle ne fut reconstruite qu'en 1561 (4).

(1) Archives de la V., DD 150. | (3) Archives de la V., CC 83.
(2)   id.   id.,   CC 81. | (4)   id.   id.,   CC 168

Les Dehors de la Grand'Porte. — L'avant-porte, qui formait la première entrée de la ville, du côté de Dijon, était constituée primitivement (1478), comme nous l'avons dit, par un portail destiné à recevoir les appareils de manœuvre d'un *pont-levis* s'abattant sur un *pont fixe* accolé au premier. Ces deux ponts étaient jetés sur un fossé rejoignant le pied des murailles ; un guichet ménagé dans le portail servait de passage aux piétons. Le pont-levis en charpente, reconstruit plusieurs fois, fut remplacé en 1701 par un pont fixe en pierre de taille avec « *ornailles* » (1). L'avant-porte était encore protégée extérieurement par deux tours casemates formant terrasses (2). Le fossé aboutissait, à l'est, à la tour Beurdelaine et, à l'ouest, à un « *ravelin* » creusé au-delà de la Porte-Auxerroise. Une barrière fermait les ponts et un corps de garde fut, dans la suite, construit à côté du guichet des piétons.

Il était défendu, aux xvᵉ et xvrᵉ siècles, de construire aux abords de la Grand'Porte et, à diverses reprises, notamment en 1568 (3) et en 1589, on dut démolir plusieurs maisons dans la zône des fortifications et près des portes « *à cause que les ennemys si rembuschoient la nuict* » (4). Il n'y avait donc au xvrᵉ siècle, en dehors de la Grand'Porte, que quelques maisons isolées, disséminées le long de la grande route de Dijon : c'était le *Bourg* ; plus tard, trois monastères et d'autres maisons y furent édifiés et agrandirent la ville de ce côté.

(1) Archives de la Ville, BB⁸.
(2)　　id.　　id.,　　EE 10⁵.
(3)　　id.　　id.,　　BB¹ et EE⁸.
(4)　　id.　　id.,　　CC 196.

Le Boulevard de la Grand'Porte. — Avant de diriger notre excursion le long des fossés, nous devons reconnaître l'emplacement du boulevard construit en 1442 (1) à peu près à l'extrémité orientale de la promenade actuelle du Grand-Cours. En 1490, on employa à sa reconstruction 600 quartiers de pierre de taille de Champrotard (2), ce qui donne une idée de son importance.

Ce boulevard jouait un grand rôle pour la défense de la Grand'Porte. Il était armé de couleuvrines dont une fut « *rompue en gectant contre les Ecorcheurs* ».

Fossé. — Nous continuons notre promenade circulaire, en suivant, à gauche de l'avant-porte, la direction de l'ancien fossé aujourd'hui comblé. Ce fossé fut creusé au xvᵉ siècle du côté où la ville était le plus accessible. Il existait en 1437, car les comptes de cette année et ceux de l'année suivante portent des dépenses pour curage de fossés. Il fut sans doute agrandi plus tard, les comptes de 1466 mentionnant des déblais importants.

Il était le plus souvent sans eau et formait un véritable foyer de pestilence. On étudia en 1584 le moyen d'y amener l'eau du ruisseau de l'étang au Duc (Minimes) (3) ; mais il continua à ne recevoir que les eaux folles et les égoûts de la ville. Il ne fut comblé qu'au xviiiᵉ siècle. Il aboutissait, par une rigole, au pied de la tour de Pontaubert. Après sa suppression, on conserva comme abreuvoir la partie du fossé longeant le bastion de la Porte-Auxerroise (voir la figure 6). Cette dernière partie fut enfin comblée en 1808 avec les décombres de la ville, afin d'éviter à l'hospice un voisinage malsain (4).

(1) Archives de la V., CC 92.
(2)   id.   id.,   CC¹³⁰.
(3) Archives de la V., CC 189.
(4) Délibérations (année 1808).

La Tour Gaffey. — En suivant le fossé, nous avons remarqué, à 100 mètres à peine de la Grand'-Porte, une tour délabrée à deux étages, dont la toiture est portée en partie par des pilastres en pierre de taille, et dont l'étage supérieur à galerie ouverte

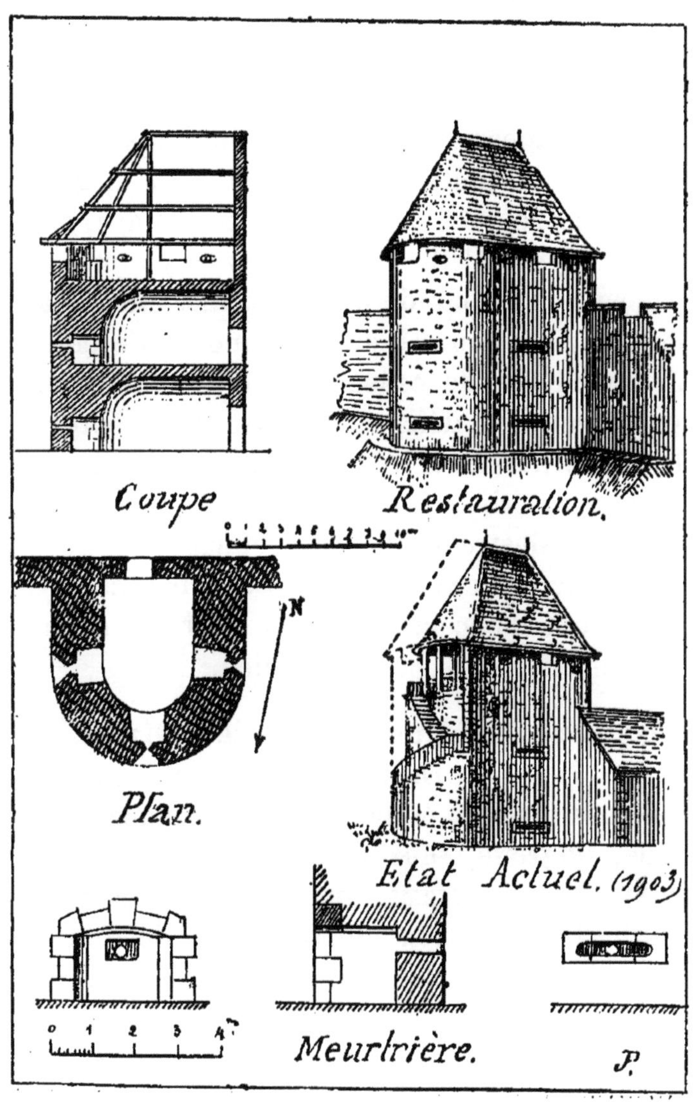

Nº 5. — LA TOUR GAFFEY

est entouré d'une balustrade massive : c'est la *Tour Gaffey* (propriété Goupilleau), désignée aussi dans les archives, par erreur suivant nous, sous le nom de *Tour de l'Oiseau* (1).

Le rez-de-chaussée et le premier étage, encore en bon état, sont tous les deux voûtés (voir la coupe) ; on y remarque des meurtrières, avec embrasures fort bien appareillées. Le rez-de-chaussée était au niveau de la contrescarpe ; le premier étage auquel l'artillerie pouvait accéder par une rampe, dominait la campagne. Cette tour, dont les murs avaient l'énorme épaisseur de 3 mètres, dut être construite, dès l'origine, pour résister au canon ; elle doit être la plus moderne de celles que nous étudierons. Elle constituait une défense sérieuse aux abords de la Grand'Porte. Elle a été étrangement défigurée par un escalier extérieur construit dans l'épaisseur du mur et par la balustrade qui le couronne.

Une rue percée en 1810, à côté de la tour, à travers la muraille d'enceinte, permet d'arriver aujourd'hui directement à la place Saint-Julien.

La Tour du Haut-Pan ou **de l'Oiseau** (appelée encore *Tour de Denesvre*). — Après avoir longé quelques maisons édifiées à l'emplacement de la muraille, on passe, sans s'en douter, sur les fondations de la *Tour du Haut-Pan* (au pied des propriétés Couturat et Grangé), qui saillissait de toute sa largeur sur la rue Tour-de-l'Oiseau. Elle fut d'abord appelée *Tour du Haut-Pan* à cause d'un grand pan de muraille qui s'élevait dans le voisinage (2), ensuite,

(1) Archives de la Ville, EE 95 ᵗᵗᵗ.
(2)   id.   id ,   CC 112.

Tour de l'Oiseau, lorsqu'elle servit à accrocher l'oiseau du champ de tir des arquebusiers contigu à la tour, et enfin *Tour de Denesvre*, du nom du propriétaire dont la maison confinait à la muraille. On arrivait à l'étage supérieur par une ruelle débouchant dans la petite rue Saint-Julien.

En 1701, elle était affermée à Et. Denesvre, conseiller au bailliage, moyennant 20 sous par an, à charge d'y faire des réparations (1) ; en 1713, elle lui fut affermée 4 livres (2). Décapitée et convertie en terrasse et jardin, vendue par le Domàine le 14 germinal an VI et rachetée par la ville en 1825, à M° Barbotte, notaire (3), elle fut enfin démolie en 1826 pour dégager la grande promenade des Terreaux. Cette énorme tour, dont les murs avaient 2 mètres d'épaisseur, n'avait pas moins de 18 mètres de diamètre extérieur. On a récemment entaillé ses fondations pour la traversée d'un égoût de la ville (1903).

Elle avait été construite en 1493 (4) sur l'emplacement d'une tour carrée datant elle-même de 1455.

Le Boulevard de la Porte-Auxerroise, la Place d'Armes. — Le *Boulevard de la Porte-Auxerroise,* construit en 1466, en même temps qu'on achevait le *grand fossé*, était, comme nous l'avons dit, un remblai simplement palissadé (5). Il existait encore en 1569, sous le nom de *Barle* (6) ; on le couronnait de gabions remplis de pierre, pour empêcher, disent les comptes, « *que les ennemys du roy*

(1) Archives de la V., DD 38. | (4) Archives de la V., CC 132.
(2)   id.,   id., BB 10. | (5)   id.   id.,   CC 113.
(3)   id.,   id., O 3¹⁴. | (6)   id.   id.,   CC 175.

s'approchant d'icelle ville ne puissent gaigner le dit barle et eux fortifiés dedans, qui pourrait myner grandement la dicte ville ». Il fut reconstruit en maçonnerie en 1625 (1).

Les deux boulevards de la Grand'Porte et de la Porte-Auxerroise étaient constitués par des remblais importants (2) ; il était naturel, lorsqu'ils furent délaissés comme moyens de défense, d'y établir des plantations d'arbres. Ils formèrent ainsi, après avoir été plantés, modifiés et replantés, les deux amorces de la magnifique promenade que nous admirons aujourd'hui. Déjà, au milieu du xviie siècle, ils étaient plantés d'arbres, entourés de jardins clos, de maisonnettes, de champs, de chènevières, etc., qui tiraient leur valeur du voisinage de la ville. Il fallait de la 'persévérance et des ressources pour réunir toutes ces propriétés au Domaine communal. Mais la ville était à l'étroit dans ses murs : la fondation du monastère des Ursulines avait entraîné l'acquisition de vingt immeubles (3), de 1630 à 1675 ; le collège en avait supprimé d'autres vers 1650. Il fallait pourvoir à l'agrandissement de la ville du seul côté où elle pût s'étendre (4). L'édilité avallonnaise, à son grand honneur, s'ingéniait à favoriser les constructions ouvrières qui faisaient défaut (5) ; elle voulait, en même temps, assainir et embellir la ville par la création d'une grande promenade centrale pouvant faire un magnifique champ de manœuvres. Elle se mit résolument à l'œuvre.

(1) Archives de la Ville, CC 233.
(2)   id.   id.,   CC 177.
(3) *Bulletin de la Société d'Études,* 1897.
(4) Archives de la Ville, BB 10 (1718).
(5)   id.   id.,   BB 11.

Le grand cimetière, datant de 1520, était à quelque distance de l'enceinte (entre les rues actuelles de Paris et de l'Arquebuse) ; la place « *aux foires* » qui le longeait était encore séparée de la ville, au xviie siècle, par plusieurs enclos ; elle était d'ailleurs insuffisante. La municipalité décida l'acquisition de tous les terrains compris entre le cimetière et les deux portes.

Déjà, en 1581 (1), la ville avait été condamnée à acheter près de la Grand'Porte l'emplacement d'une maison et de ses dépendances ruinées pour les besoins de la défense ; six jardins furent achetés en 1597 au même climat ; d'autres immeubles, voisins du cimetière, avaient agrandi le champ de la foire ; de 1706 à 1715, les acquisitions se multiplièrent. En 1717, le champ de tir des arquebusiers, installé près de la tour de l'Oiseau, était transféré à côté du cimetière (2) avec promesse de subvention. En même temps, on construisait les murs de soutènement de la future promenade et des terres étaient transportées en remblais. Enfin, en 1722 et 1723, on construisait le dernier mur (3) et l'on pouvait enclaver dans l'angle S.-O. de la promenade une pierre portant cette inscription que l'on peut lire encore :

« *Cette place a été finie par les soins de M. Champion, maire, et de MM. Boudrey, Laureau, Séguenot, Caillat, échevins, et Borot, syndic — 1723.* »

Cette promenade fut d'abord appelée *Place d'Armes*, parce que, dans l'esprit de ses fondateurs, elle devait être consacrée aux exercices militaires ; plus tard,

(1) Archives de la Ville, DD 98.
(2)   id.   id.,   BB¹⁰.
(3)   id.   id.,   BB¹¹.

elle fut appelée *Grand-Cours* ; elle s'appelle aujourd'hui *Place Vauban*.

Le cours inférieur ou *Petit-Cours* a été planté ou plutôt replanté en 1708 (1) et le cours supérieur en 1790 (2).

L'escalier monumental, d'une remarquable ordonnance, qui sépare les deux cours est de 1741 (3) ; il coûta 20.400 livres ; le perron de la place Vauban, construit en 1767, a été reconstruit en 1872 sur les plans de M. Bartholdi, auteur de la statue qui en occupe la plate-forme.

La conception de ce plan d'ensemble ne manquait pas de grandeur et son exécution exigeait de l'esprit de suite et une dépense importante (4). En même temps que sa réalisation donnait à notre ville le cachet d'élégance qui la distingue, elle provoquait la création de nouveaux quartiers *extra-muros* qui doublèrent, en moins de deux siècles, l'étendue de la cité.

La Porte-Auxerroise, son Bastion et sa Tour casematée. — Non loin du boulevard dont nous venons de parler se trouvait la *Porte-Auxerroise,* construite en 1210. Comme la Grand'-Porte, elle formait deux groupes distincts :

1° Le corps principal ou *Porte* proprement dite ; c'était un pavillon rectangulaire offrant deux pas=

(1) Archives de la Ville, CC³¹¹.
(2)   id.   id.,   O¹ 4¹.
(3)   id.   id ,   DD 86.
(4) La charge de Maire, rendue vénale sous Louis XIV, resta sans interruption dans la famille des Champion pendant près d'un siècle, quatre générations, de 1693 jusqu'à la Révolution. *(Annuaire de l'Yonne, 1864.* — Raudot : *Quatre Familles Avallonnaises.)*

Nº 6. — LA PORTE-AUXERROISE (1)

Perspective cavalière

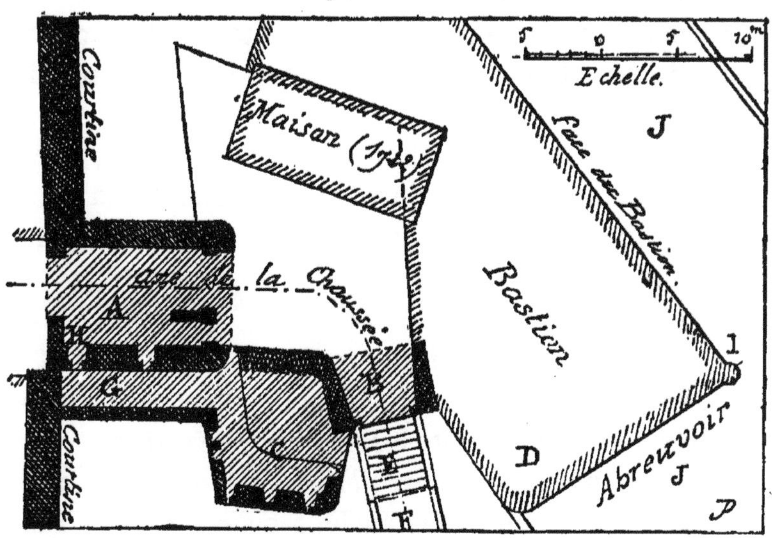

Plan

LÉGENDE DU PLAN

A Porte principale (1210-1447). — *B* Avant-porte (1466). — *C* Tour casematée (1455-1582). — *D* Bastion (1591). — *E* Pont-levis (1466). — *F* Pont fixe (1466). — *G* Ancienne casemate (1455). — *H* Entrée des casemates.

(1) Archives de la Ville, DD 12**, DD 100**.

sages : un guichet pour piétons et un passage voûté pour voitures. Il était fermé par une porte bardée de fer et une herse ou *Grille* (1). Elle avait été réparée et complétée de 1447 à 1449 (2) ; elle comportait des mâchicoulis au-dessus de l'entrée principale et des meurtrières.

2° Un second corps ou *Avant-Porte* : c'était un portail analogue à celui de la Grand'Porte, construit à quelque distance du premier corps (voir le plan p. 40).

Il avait été édifié en 1466, en même temps que le pont fixe en charpente et le pont-levis auquel il servait d'appui. Ce portail était accoté, à l'est, à une tour carrée formant terrasse, construite en 1455 (3) et refaite en 1582 (4). Le réduit souterrain voûté formait une casemate à deux étages défendant le pont-levis et le fossé. Tous ces ouvrages constituaient une défense formidable. Sauf le corps de garde, construit plus tard, à proximité du pont dormant, aucune construction n'était tolérée aux abords de la porte ; on avait même abattu en 1591 des murs servant de clôture à des jardins (5).

A la fin du xviii° siècle, la Porte-Auxerroise et ses dépendances étaient ruinées faute d'entretien et menaçaient de leur chute les propriétés voisines.

La requête du 15 juin 1776 à l'Intendant de la province, dont nous avons parlé, à propos de la Grand'-Porte, demandait la démolition de la Porte-Auxer-

(1) Archives de la Ville, CC 105.
(2)   id.   ie.,   CC 97, 98, 99.
(3)   id.   id.,   CC 105.
(4)   id.   id.,   CC 187.
(5)   id.   id ,   CC 197.

roise, en même temps que celle de la Grand'Porte. Cette requête ne faisant pas mention spéciale de l'Avant-Porte, l'autorisation ne s'appliquait qu'au pavillon principal (Ordonnance du 19 juin 1777). La démolition fut effectuée immédiatement. Mais, à peine terminée, une nouvelle requête de la municipalité exposait que la tour-casemate tombait en ruines ; qu'elle contribuait, avec le portail, à resserrer extra-ordinairement l'entrée de la ville, créant, disait-elle, « *une difformité affreuse dans l'alignement et présentant un coup d'œil vraiment hideux* » ; la première démolition ne devait produire tout son effet que lorsque l'avant-porte et la casemate auraient disparu. Ces conclusions ayant paru justifiées, la démolition de ces deux ouvrages eut lieu en 1778 (1).

Indépendamment de la casemate dont il vient d'être parlé, un bastion fut construit en 1590-91 pour défendre les abords de la porte. Ce bastion existe encore ; il porte sur l'un de ses angles une tourelle qui a été restaurée en 1874. Il forme actuellement le jardin de l'aumônier de l'hospice. L'exécution de ce bastion parut si urgente qu'en attendant son achèvement on construisit en 1590, dans la direction de la tour de Pontaubert, un bastion provisoire en terre, revêtu de gazon et de fascines et couronné par surcroît de cent gabions (2). C'est qu'alors le maréchal d'Aumont, lieutenant de Henri IV, cherchait à surprendre Avallon qui refusait de se soumettre au roi. Le maréchal « *ne faisait que tournoyer aux en-*

(1) Archives de la Ville, BB 192.
(2)   id.   id,,   CC 196.

virons d'Avallon, prétendant l'assiéger » (1). Le sieur de Tavannes, avec ses garnisons de Bourgogne et du Nivernais était aussi « *en gros* » aux environs. avec les reitres et les lansquenets.

Un pont en pierre fut substitué en 1787 aux ponts de bois (2). Il existe encore, enfoui dans les remblais de l'ancien fossé devenu abreuvoir. Il vient d'être mis à jour pour la pose d'un tuyau d'égoùt, en face l'angle saillant du bastion.

Derrière la casemate, se trouvait l'hôtel de Clugny (ou Cluny) qui servit de dépôt d'artillerie jusqu'en 1470, époque à laquelle il fut incendié ; le magasin fut alors transféré dans la tour de *Beurdelaine.*

La Tour de Pontaubert. — Nous passons ensuite en suivant la direction d'un « *ravelin* » — creusé en 1592 pour l'écoulement des eaux du fossé (3), mais comblé depuis, — sur l'emplacement de la *Tour de Pontaubert* (ou « *d'Assequin* ») (4), construite en 1553 (5) et démolie en 1581 (6).

En 1576, elle est déjà en mauvais état : on paie 300 livres pour les gazons nécessaires aux revêtements de la tour « *qui boit de tous coustez* », pour fascines et pieux, et « *revêtir en rondeur de 30 pieds de largeur, aux environs d'icelle* ».

En 1582, on construisit « *de fond en racyne* », à la place de cette tour, « *qui estoyt ruynée et tumbée par terre, une belle et forte tour, en forme de terrasse et bollevert, à laquelle édificacion ont été convertiz et employez les deniers provenuz de la ferme de la*

---

(1) Archives de la V., EE 60.
(2)   id.   id., CC 397.
(3)   id.   id., CC 160.

(4) Archives de la V., BB¹.
(5)   id.   id.,   CC 160.
(6)   id.   id.,   CC 186.

courte-pinte de la dicte ville » (1). « *Elle a esté ediffiée et construicte à chaux et à sable, au lieu et place de la cazemate ruynée qui estait fassonnée de terre, avec plate-forme garnie d'une voulte, cinq grandes canonnières en bas et sept en la courtine d'en haut, en l'une desquelles est escript au-dessus, en azur et lectre d'or, la millière de la présente année* » (1).

La courtine, à laquelle était adossée la tour de Pontaubert, laisse voir encore une coupe indiquant l'épaisseur de ses murs. Les créneaux construits au xvᵉ siècle, sur le sommet de la courtine, n'ont laissé aucune trace, les murailles ayant été dérasées postérieurement, pour aérer les jardins et dégager la vue.

Plus loin, la muraille a été percée en 1834 pour donner passage à un escalier moderne conduisant à la Fontaine-Neuve reconstruite la même année.

Une esplanade plantée d'arbres borde la crête du ravin ; à son extrémité, nous apercevons une tour débordant le chemin de ronde ; à gauche, avant d'y arriver, nous lisons cette inscription gravée sur une pierre de la courtine : *G. de Cluny — N. Cromot — E. Mynard — N. Gaudot — A.-R.-S. Régnier, eschevins — 1666* ; cette mention rappelle une restauration partielle de l'enceinte.

La Tour des Vaudois. — Cette tour est assez bien conservée. Elle a 3 meurtrières au rez-de-chaussée et 4 créneaux sous la toiture ; ces créneaux communiquaient entre eux par une galerie circulaire intérieure. Au rez-de-chaussée occupé par l'artillerie, des évasements voûtés de 2 mètres de hauteur et de

(1) Archives de la Ville, BB⁴ (1582).

1 mètre 55 de largeur permettaient de déplacer les pièces à volonté.

Un reste de chemin de ronde qui circulait autrefois, tout le long et au-dessus des courtines, permet d'accéder au premier étage. On y arrive par une impasse dite *de la Foudre*.

L'Eperon Gally. — Ce bastion est semblable à celui de la Porte-Auxerroise ; comme ce dernier, il est flanqué d'une guérite qui porte la date de 1591. Un jardin occupe la plate-forme du bastion ; on y arrive par l'impasse de l'*Eperon-Gally* et par un tronçon de l'ancien chemin de ronde. L'artillerie pouvait, de cette position dominante, balayer le ravin du ru Pautot.

La Porte-Neuve. — Tant qu'Avallon resta ville fermée, elle n'eut que deux portes et une poterne. Mais, après les guerres, on reconnut la nécessité de faire d'autres passages dans l'enceinte : en 1720, on décida l'ouverture de la *Porte-Neuve,* voisine de l'éperon Gally, laquelle donnait un accès du côté du Nivernais. Un acte du 20 janvier 1724 passé devant notaires et tabellions royaux porte concession, par le Chapitre à la ville, des droits qu'il possédait sur le terrain pris pour l'ouverture de cette porte (1). Le chemin pavé qui y aboutissait franchissait le Cousin au Pont-Barré, pont rustique construit en 1669 (2) et remplacé en 1786 par le pont actuel. On planta en 1818 le terre-plein qui fait face à la porte et constitue pour le quartier une promenade agréable.

(1) *Anecdotes Avallonnaises,* f° 942.
(2) Archives de la Ville, BB 3.

Le Fort Mahon et la Tour de Bèze. — Les terrasses de l'école communale et du collège étaient dominées par le *Fort Mahon* et la *Tour de Bèze* qui ont disparu. La maison Raynaud a été édifiée sur le fort Mahon, dont la substructure a été conservée. On y remarque encore une meurtrière.

La Tour du Chapitre et la Tour Boisselet. — Signalons, à distance, la *Tour du Chapitre,* construite de 1450 à 1454 (1), modernisée par M. Alloury, laquelle est dans un bon état de conservation. Elle appartient aujourd'hui à M. Faulquier et se dresse fièrement au sommet de l'escarpement, paraissant défier les injures du temps.

Rejoignons le pied de la muraille en montant par un escalier (1775), sur l'*esplanade de la Petite-Porte,* plantée (1789) de tilleuls (2), d'où l'on jouit d'un superbe point de vue sur la vallée du Cousin.

Nous passons sous les murs qui formaient l'enceinte du château, à l'emplacement de la tour *Boisselet,* et d'une autre tour, toutes les deux disparues, pour arriver à la tour *Gaujard.*

Tour Gaujard. — Cette tour, construite en 1438 (3), restaurée vers 1870, par Mlle Chauvelot, appartient aujourd'hui à la Fabrique de Saint-Lazare ; elle forme une dépendance de la maison de retraite des prêtres âgés ou infirmes.

Elle est à gorge ouverte sur une terrasse qui communiquait avec le chemin de ronde et avec le dessus de

(1) Archives de la Ville, CC 101 à 104.
(2)   id.   id.,   CC 398.
(3)   id.   id.,   CC 38.

la poterne voisine ; elle a trois meurtrières et quatre créneaux reliés par une galerie supérieure.

Elle est parfois dénommée dans les comptes de la ville *Tour de Cousin-le-Pont*, pour la distinguer de la tour située de l'autre côté de la porte, que l'on appelait *Tour de Cousin-la-Roche*.

La Petite-Porte (*de Malvoischien* ou *du Mauvais-Chien* (1) ou encore *Huis Mirebeaul* (2). — Cette petite porte ou poterne comprenait un corps rectangulaire faisant saillie de 6 mètres sur la courtine, percé d'une porte de 2 mètres 70 de passage et d'un guichet de 1 mètre pour piétons (voir le plan p. 92). Sa terrasse pouvait porter de l'artillerie (3). Une cour de 12 mètres séparait la poterne d'une avant-porte de 3 mètres d'ouverture appelée *Porte de Corberaul* (4), du nom d'une propriété voisine. Un couloir latéral de 1 mètre de largeur aboutissait à un guichet s'ouvrant à côté de la poterne. Ce guichet fut condamné, plus tard, par le logement du portier, construit dans l'angle de la poterne et de la courtine.

Une terrasse garnie de créneaux et de mâchicoulis couronnait la poterne qui était fermée, disent les comptes, par une herse (5) et par « *de bons et suffisans haiz, et clouée de bons, gros et forts cloux garnie de grosses bandes et gondz de fer* » (6). Elle était précédée d'un pont-levis (7) et défendue par un boulevard (1536), comme la Porte-Auxerroise (8) ; comme

(1) Archives de la V., CC 81.
(2) id. id., CC 82, du nom de Nicolas Mirebaul, receveur en 1531.
(3) Archives de la V., CC 81.

(4) Archives de la V., CC 113 et CC 87.
(5) Archives de la V., CC 220.
(6) id. id., CC 183.
(7) id. id., CC 92.
(8) id. id., EE 4.

celle-ci aussi, elle fut souvent murée pour simplifier la garde de la ville.

Les abords en ont été profondément modifiés de 1765 à 1775 par suite de la construction de la route de Lormes qui créait une communication nouvelle avec le Nivernais.

La poterne fut démolie en 1764, sous Louis XV, et remplacée en 1768 (1) par les deux pilastres actuels.

Nº 7. — LA PETITE-PORTE

Vue perspective

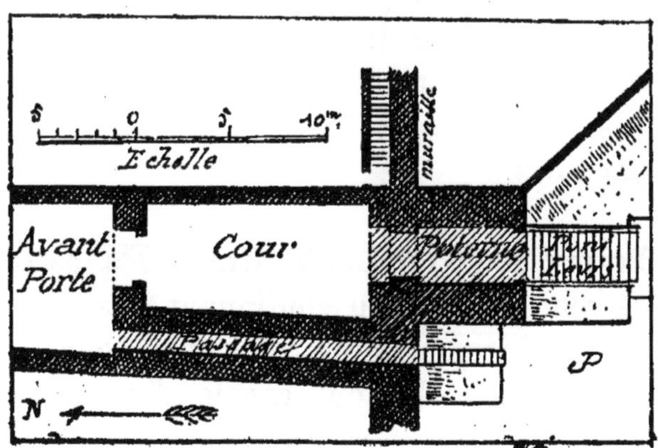

Plan (2)

(1) Archives de la Ville, CC 377.
(2) Archives de la Ville, portefeuille des dessins.

La Tour de la Petite-Porte, Bastion. — La *Tour de la Petite-Porte,* appelée encore *Tour de Saint-Brancher* (1), *Tour de Cousin-la-Roche,* était une tour carrée datant de 1404. Elle fut reconstruite en 1438 (2) et en 1589 (3), au moment de l'édification du bastion. Elle a été rasée depuis.

L'ensemble des ouvrages édifiés aux abords de la poterne, sa situation sur une crête presque inaccessible, rendaient la ville inexpugnable de ce côté.

La tour Gaujard, émergeant d'un massif de verdure, les pilastres encadrant une entrée de ville moyenageuse, la muraille sévère du bastion, flanquée d'une guérite, et actuellement couronnée d'une végétation luxuriante ; au loin les flèches de la tour d'horloge et de Saint-Lazare, formaient et forment encore, du côté du nord, un tableau des plus pittoresques.

En nous retournant, nous admirons de nouveau le magnifique panorama que nous avons décrit et que les étrangers ne manquent jamais de visiter. Il nous est permis de nous y attarder quelques instants et nous ne le quittons qu'avec regret. Nous retrouverons, sous le bastion, le chemin de ronde qui longe l'enceinte, presque sans interruption, sur le reste de notre parcours.

La Tour d'Auxon, des Minimes, Pascault, etc. — Nous rencontrons, en continuant notre exploration, les emplacements de plusieurs tours rasées depuis longtemps : la tour carrée *d'Auxon,* datant

(1) Archives de la Ville, BB 1.
(2)   id.   id.,   CC 88.
(3)   id.   id.,   CC 195.

de 1562 (1), la tour ronde *des Minimes,* la tour carrée *de Pascault* (1562), etc., dont il est à peine fait mention dans les archives. Au xv° siècle, comme nous l'avons vu, avant l'édification de ces tours, des eschifs flanquaient les murailles, des fausses-brayes couraient au pied de la courtine, dans la direction de la tour de l'Escharguet (2) ; leur entrée était à proximité de la Petite-Porte, les défenseurs qui s'y abritaient ne pouvaient être surpris. On y dépensa des sommes importantes. En 1466 et en 1470, on les couvrit d'épines, sans doute pour dissimuler les archers et les arquebusiers postés derrière ces retranchements (3).

La Tour de l'Escharguet (ou *de l'Eslu*). — Cette tour édifiée au bas de la ruelle *Bréchillat,* actuellement rue de la Vachère, a pris son nom de l'échauguette construite dans ses combles pour le guet. Elle fut appelée, plus tard, *Tour du Vacher,* lorsqu'elle servit à loger le vacher de la ville (4). C'est une tour demi-ronde, à deux étages. L'étage inférieur voûté sert actuellement de cave ; l'étage supérieur, dont l'entrée est au niveau du chemin de ronde, servait de corps de garde ; cette entrée est abritée par une saillie prononcée de la toiture.

Les deux étages avaient chacun trois meurtrières à embrasures pour les canons. Cinq créneaux existaient en outre dans le haut de la tour. Ils étaient desservis

(1) Archives de la Ville, CC 169.
(2)   id.   id.,   EE ³.
(3)   id.   id.,   CC 115 et 119.
(4)   id.   id.,   EE 9 et BB 14.

par une galerie circulaire à laquelle on arrivait par un petit escalier intérieur (voir la coupe).

Lorsqu'au xvi° siècle la tour fut convertie en logement, on divisa l'étage par un plancher posé à 0^{m}50

N° 8. — La Tour de l'Escharguet

Plan *Vue perspective*

au-dessus du niveau de la galerie ; en même temps, on construisit un escalier pour le sous-sol qui, antérieurement, ne communiquait avec le rez-de-chaussée que par une ouverture pratiquée dans la voûte.

L'échauguette construite dans les combles de la tour (voir le dessin) était une construction légère qui a depuis longtemps disparu.

La tour de l'Escharguet servit en 1522 à loger le « *chirurgien* » Lyonnet, appelé d'Epoisses pour soigner les pestiférés, aux gages de cent sous par

mois (1) ; en 1572, elle servit de magasin d'artillerie (2) ; en 1755, elle servait à loger le « *pastre de la
ville* » (3) ; dans ces derniers temps, la ville y logeait
un appariteur et elle est actuellement louée à un
particulier. Ces diverses affectations n'ont pas trop
altéré son caractère primitif.

La Tour Friant, construite au bas de la rue Bel-
grand, n'a laissé aucune trace.

La Tour et le Bastion de Beurdelaine. —
Nous arrivons enfin au bastion érigé au « *coin de
Beurdelaine* », planté d'un jardin d'agrément, surmonté d'une haute tour ronde à plusieurs étages
voûtés, l'une des plus importantes et des plus anciennes de l'enceinte. Ses murs ont 2 mètres d'épaisseur et donnent passage à un escalier tournant qui
fait communiquer les étages supérieurs avec le rez-
de-chaussée. Ce rez-de-chaussée communique lui-
même avec le sous-sol du terre-plein, par une ouverture pratiquée dans la voûte. Un couloir souterrain traverse le bastion de part en part, en passant
par le réduit du sous-sol. Des travaux de restauration importants exécutés vers 1860 par M. Bouësnel
en ont fait une construction moderne. Il ne reste plus
trace ni des meurtrières ni des créneaux convertis en
larges fenêtres.

Cette tour, construite en 1404, refaite en 1435 (4),
servit de dépôt d'artillerie, après l'incendie de l'hôtel

(1) Archives de la Ville, CC 138.
(2)   id.   id.,   CC 178.
(3)   id.   id.,   EE 9 et BB 14.
(4)   id.   id.,   CC 345.

de Cluny (1470), sans doute parce qu'elle était peu accessible du côté du ravin et peu éloignée de la porte principale de la ville.

En 1471, il y avait au *Magasin de Beurdelaine* : 5 serpentines, 11 couleuvrines, 1.800 traits armés de fers « *à vires* » et 1.500 traits à arbalète, qui pouvaient, à première alerte, être remis au corps d'artillerie.

En 1481, l'artillerie des murailles fut remisée dans la tour.

En 1580, on construisit un « *grand, fort et puissant huis de bois neuf au magasin des poudres et canons, pour la conservation d'icelles* » (1) et en 1730 la tour fut complètement entourée de murs (2).

Le bastion date, comme les autres, de 1590-91.

En 1754, on accorda à la « *Communauté des chirurgiens d'Avallon* » la jouissance de la tour et de son bastion pour y faire leurs opérations, à charge par eux de secourir de leur art les pauvres qui se présenteraient tous les jeudis, de neuf heures à midi.

Avant la construction du bastion, un boulevard construit sur le flanc du coteau protégeait la tour du côté de l'est (3) ; à 45 mètres au-delà vers la tour de Presle, un contrefort faisant saillie sur la courtine supportait une guérite (4).

Les quatre bastions que nous avons rencontrés dans notre *Tour de Ville*, constituent la partie la plus moderne des fortifications ; ils sont aussi les mieux construits et les mieux conservés de tous les ouvrages

(1) Archives de la Ville, CC 185.
(2)   id.   id.   CC 335,.
(3)   id.   id.,   DD 38^s.
(4)   id.   id.,   DD 38''.

de défense de la ville. Leur emplacement fut choisi de façon à pouvoir atteindre partout le pied des courtines et fouiller les vallons qui entourent la ville.

Ils n'ont pas coûté moins de 8.761 écus, savoir :

Bastion de Beurdelaine.........	2.900	écus
— de la Petite-Porte	1.490	—
— de la Côte-Gally........	1.311	—
— de la Porte-Auxerroise..	1.678	—
Terrassements.	1.382	—
TOTAL	8.761	écus (1)

La Tour de Presle. — La *Tour de Presle,* ainsi nommée parce qu'elle était construite derrière l'hôtel de Presle, n'a laissé qu'un vague souvenir. Elle fut construite en 1443 (2). Plus loin, la muraille fut couronnée d'eschifs au xve siècle, pendant l'exécution de la Grande-Porterie, dont elle était voisine.

*
* *

Notre *Tour de Ville* nous a fait apparaître (voir la légende du plan de la vieille ville) : les restes ou les emplacements de 3 portes fortifiées (Porte-Neuve non comprise) ; — 3 pont-levis ; — 4 boulevards ; — 4 bastions ; — 3 casemates ; — 21 tours, dont 7 existent encore (3) ; — 2 maisons-fortes.

Il est visible que ces ouvrages avaient été conçus en dehors de toute préoccupation architecturale. Ils offrent encore, dans ce qui nous en reste, un ensemble imposant et leur efficacité fut mise à l'épreuve par

(1) Archives de la Ville, CC 200.
(2) id. id., CC 92.
(3) D'après les comptes de 1565, il y avait à cette époque **22 tours dont on réparait les couvertures.**

trois sièges subis sous les règnes de Robert, de Charles VII et Henri IV. Ils protégèrent surtout notre cité contre les bandes irrégulières dont elle eut à repousser de nombreuses attaques. C'est ainsi qu'elle fut préservée du pillage, en 1438, par les *Ecorcheurs* conduits par Robert d'Evreux, en 1567 par les *Huguenots* venant d'Auxerre, et en 1569 par les *Reîtres* du duc des Deux-Ponts qui ravageaient la Bourgogne le fer et la torche à la main. Dans cette dernière circonstance, la ville se défendit vaillamment ; la ville fut préservée, mais ses faubourgs furent brûlés (1).

Nous reviendrons avec plus de détails sur ces épisodes de la vie militaire de notre cité.

Aujourd'hui, ces fortifications édifiées à grand frais n'ont d'autre utilité que de soutenir des terrasses fort agréables d'où l'on jouit d'un coup d'œil splendide.

*
* *

Nous retournons à notre point de départ pour visiter l'ancien *Castellum* qui a précédé les fortifications extérieures que nous venons de visiter.

L'Hôtel Catin. — En chemin, nous rencontrons la vieille tourelle de l'*Hôtel Catin,* seul débris d'un petit castel qui, au xiii° siècle, appartenait à Hugues de Bourgogne, seigneur de Montréal et vicomte d'Avallon. Cette demeure fut habitée, plus tard, par un capitaine d'armes qui lui laissa son nom.

Voici l'*Hôtel de Ville,* construit en 1770, dont l'entrée est ornée de deux serpentines du xv° siècle, dé-

____

(1) Quantin, *Annuaire de l'Yonne,* 1852.

bris de l'ancienne artillerie de la ville. Nous passons devant l'ancien *Hôtel de Condé,* aujourd'hui école communale, pour arriver enfin au point culminant de la ville, à la tour de prédilection des Avallonnais.

La Tour d'Horloge. — C'est là que se trouvait le *Portail de la Boucherie,* l'entrée du *Château,* sur les fondations duquel fut édifiée la *Tour d'Horloge.* Il est fait mention aux comptes de 1456 (1) de dépenses « *pour missions faictes, pour la réparation et edifiement nouvellement quomandé par les habitants, du pourtaul de la Boucherie, lequel pourtaul iceux habitants ont intencion de faire une tour pour mectre le reloige* ». Ceux des années suivantes relatent tous les détails de la construction. Les frais d'entretien et d'embellissement font l'objet de nombreux articles.

Au xvi° siècle, cette tour de 150 pieds de hauteur avait fort grand air, avec son élégant campanile aux plombs dorés (2), « *sa monstre neufve* (cadran) *du costé de la Grand'Rue, au plat-fond en champ d'azur, au milieu duquel est un soleil doré de bon or, qui monstre les heures; les lectres dorées avec les pointz qui séparent les dictes lectres, et les deux rondz autour d'icelles; aux quatre coins, quatre chérubins, dont les visages sont de couleur de chair, les cheveux et aisles dorés* (3).

Le campanile, d'où la vue s'étend fort loin, servit à faire le guet, à partir de l'année 1467 (4); un petit édicule dressé sur la tour, désigné aux comptes sous le nom de « *sentinelle publique* », servait à abriter le guetteur qu'un brasero protégeait l'hiver

(1) Archives de la V., CC 106 | (3) Archives de la V., CC 232.
(2)   id.   id.,   CC 128 | (4)   id.   id.,   CC 116.

contre le froid (1). La tour d'horloge servit aussi à abriter des munitions (2).

De 1460 à 1772, les échevins d'Avallon tinrent leurs séances dans une salle du premier étage ; en 1485, on payait à Pierre Champion pour un « *conteur* (pour comptoir, table), *douze escabelles et ung banc enfoncé à mectre en la chambre du relouge* » une somme de quinze francs (3) : c'était tout l'ameublement de la salle des échevins. Cette salle, décorée d'intéressantes fresques, servit en 1782 à déposer les minutes des notaires (4) ; à partir de 1862, elle fut affectée aux réunions de la Société d'Etudes. Le deuxième étage est occupé par les collections de cette société.

Le Castellum. — Le vieux mur qui séparait le *Château de la Ville* avait ses points d'attache au portail de la Boucherie ; partant du portail, il se dirigeait, à l'est, vers la tour Pascault (voir le plan), et, à l'ouest, vers la tour de Bèze. Des fondations qui, sans aucun doute, appartenaient à cette muraille, ont été mises à jour en 1892 près de la porte qui conduit de la chapelle des Ursulines aux sacristies et, antérieurement, dans la cour du collège.

L'enceinte ainsi formée englobait l'église collégiale, le prétoire, le donjon et le grenier à sel. Ce vieux mur a été démoli vers 1470 et les matériaux employés à la réparation des autres murailles (5).

(1) Archives de la Ville, CC 198.
(2)   id.   id.,   CC 178.
(3)   id.   id.,   CC 127.
(4)   id.   id.,   BB'.
(5) *Anecdotes Avallonnaises.*

A 50 mètres du portail de la Boucherie s'élève, à droite, un bâtiment massif, entouré de hautes murailles : c'est la *Prison moderne,* construite à l'emplacement de l'ancien *Donjon,* et, tout près, le *Palais de Justice.* Nous sommes précisément à l'emplacement du vieux *Castellum romain,* appelé ensuite, suivant les époques, *Château des Comtes, Château des Ducs, Château du Roy,* etc. (1). Il devint, à partir de 1421, le siège du bailliage et n'a pas cessé, depuis, d'être le sanctuaire de la justice.

PÉRIODES DE CONSTRUCTION

Nous venons de signaler les points intéressants de la forteresse, telle qu'elle existait après son complet achèvement. Il n'est pas inutile de faire connaître les phases de ses transformations et leur concordance avec les besoins de cinq périodes historiques.

1re Période. — FONDATION DE L'ENCEINTE PRIMITIVE (IIe siècle). — La forteresse primitive datait de l'occupation romaine. Elle comprenait seulement la partie haute de la ville, la plus facile à défendre. Là se trouvait, comme nous venons de le voir, le Castellum protégé par un donjon. Une muraille le séparait de la ville ; on y avait accès par le Portail de la Boucherie.

Telle fut la première forteresse.

2e Période. — CONSTRUCTION DE L'ENCEINTE EXTÉRIEURE (du XIe au XIVe siècle). — On n'a pas de renseignements

(1) Challe, *Annuaire de l'Yonne,* 1859.

précis sur les origines de la seconde enceinte. Elle devait cependant exister en grande partie en 1005, date à laquelle le roi Robert fit le siège d'Avallon, puisque la ville put résister trois mois à un siège régulier. Au xive siècle, la guerre avec les Anglais obligeait à une extension des travaux de défense.

Il est certain qu'au commencement du xve siècle, la ville avait quatre tours, dont trois défendaient les portes ; que l'une d'elles, celle de la porte principale, fut *reconstruite* en 1404. Donc cette tour et cette porte existaient antérieurement ; et comme l'existence des portes suppose l'existence d'une enceinte, on peut affirmer que l'enceinte extérieure d'Avallon est antérieure à 1400.

On sait que la lutte entre Philippe de Valois et Edouard III d'Angleterre (1328) qui revendiquait la couronne de France, eut pour conséquence l'envahissement et la conquête, par ce dernier, de plusieurs de nos provinces. A la suite de graves échecs de nos armées, Edouard fit son apparition en Bourgogne en 1358 ; Auxerre fut assiégé et pris, et Avallon menacé. Les seigneurs et gentilhommes de la Province, réunis à Avallon en cette même année, au nombre de 700, résolurent de résister et de réparer châteaux et forteresses. Telle fut surtout l'origine de l'accroissement de la seconde enceinte.

Nous n'entrerons pas, pour l'instant, dans le développement des calamités causées par cette guerre. Il nous suffit de constater qu'Avallon, tout en ayant beaucoup souffert du voisinage de l'ennemi, réussit à éviter l'occupation anglaise.

Après la trêve de Guillon (1360), conclue entre le duc de Bourgogne et le roi d'Angleterre, celui-ci donna ordre à ses troupes d'évacuer la province. Mais plusieurs compagnies de soldats licenciés se réorganisèrent avec de nouveaux chefs et, sous le nom de *Grandes Compaynies,* continuèrent à tenir la campagne, vivant de rapines et de pillage. Avallon dut continuer, jusqu'à la fin du siècle, à se garder et à se fortifier.

De sorte qu'en l'année 1404, la ville avait une enceinte extérieure complète percée de trois portes, protégée par quatre grosses tours (1), savoir :

La *Bastille,* défendant la Grand'Porte ;

La *Tour Auxerroise,* près de la porte du même nom ;

La *Tour Molvot* ou *du Mauvais-Chien,* défendant la Petite-Porte ;

La *Tour Beurdelaine,* à l'est de la ville.

Ces quatre tours servaient de ralliements aux archers ou aux arbalètriers chargés de la garde de la ville. La dernière seule existe encore.

3ᵉ Période. — CONSTRUCTION DE TOURS AUX ANGLES DES COURTINES, RENFORCEMENT DE LA DÉFENSE DES PORTES (xvᵉ siècle). — Après l'assassinat de Jean-sans-Peur, qui eut lieu en 1419, à l'instigation du roi de France Charles VII, la France était divisée entre deux partis : d'un côté les partisans du roi de France, sous la conduite du comte d'Armagnac, d'autre part les Bourguignons qui s'allièrent avec le roi d'Angleterre. Avallon prit parti pour son suzerain, Philippe-le-Bon, duc de Bourgogne. Comme elle était ville frontière, par rapport aux possessions de Charles VII, elle

(1) Archives de la Ville, EE 10 .

devint bientôt le théâtre des hostilités. Après diverses péripéties, la ville fut surprise en 1433 par Fort-Epice, un des lieutenants de Charles VII, et reprise après un siège sanglant par le duc Philippe. La paix fut enfin signée en 1435.

Mais des aventuriers recrutés parmi les troupes licenciées, commandés même par de petits seigneurs ruinés par la guerre, renouvelèrent, sous le nom d'*Ecorcheurs,* les exploits des *Grandes Compagnies* et épouvantèrent les populations par leurs atrocités. Les Avallonnais furent obligés de se tenir constamment sur la défensive et, malgré la trêve, plus ou moins bien observée, de réparer et consolider leurs murailles, d'y ajouter de nombreuses tours, de défendre les abords des portes par des boulevards, des casemates, des créneaux, etc., d'augmenter l'artillerie de la place et d'organiser un service régulier de guet et garde.

Pendant le xv⁰ siècle, l'enceinte extérieure fut donc renforcée de 17 nouvelles tours, des fossés furent creusés, les portes furent mieux protégées, une organisation plus sérieuse mit la ville à l'abri d'un coup de main. Avallon était véritablement devenue une ville forte.

4ᵉ Période. — Construction des bastions (fin du xviᵉ siècle). — Dans la deuxième partie du xviᵉ siècle, survinrent les guerres de religion, la guerre civile avec tous ses excès, les incursions des huguenots chaque jour renouvelées. Les Avallonnais, fervents ligueurs, résistèrent longtemps aux sollicitations des lieutenants de Henri IV dont ils suspectaient l'orthodoxie.

Avec le temps, les engins de guerre étaient devenus plus puissants ; il fallait leur opposer des moyens de défense nouveaux. C'est à cette période que remonte la construction des quatre bastions (1591) qui complétèrent heureusement la forteresse.

La ville ne put être prise ; elle résista jusqu'en 1594.

Le régiment du ligueur de Tavannes, chassé d'Auxerre par les troupes royales, demanda aux Avallonnais l'hospitalité pour son chef et quelques officiers. Ils furent loyalement accueillis. Mais bientôt ils livrèrent les portes à leurs soldats et les Avallonnais furent soumis aux plus dures réquisitions de leurs prétendus amis.

Cette maladroite tactique et la lassitude générale décidèrent les habitants à se soumettre à l'autorité royale.

Pendant cette période, la forteresse avait atteint son apogée. Les plans et gravures de la présente notice se rapportent à cette époque.

5° Période. — ABANDON DES FORTIFICATIONS. — A partir de ce moment, la royauté qui, sous Louis XI, avait réuni la Bourgogne au Domaine royal, exerça sur toute la province une autorité incontestée. Avallon traversa une ère de paix et de prospérité qu'elle n'avait pas encore connue, se contentant entrenir ses fortifications, sans y rien ajouter, fêtant avec enthousiasme les victoires de Louis XIV, mettant en location les fossés, bastions, tours, casemates, etc. La population augmentait chaque année et, les ressources n'étant plus absorbées par les dépenses de guerre, elle dut bientôt chercher à s'étendre en dehors de l'enceinte. La municipalité n'eut plus qu'un but:

démanteler la place et disposer de l'emplacement des fortifications du nord pour agrandir la ville. Mais elle comptait sans le Domaine qui revendiqua la propriété de tous les espaces non encore aliénés. Une instance fut engagée par la Ville, contre l'Etat, dès l'année 1694. Elle fit valoir que les fortifications avaient été édifiées au moyen des octrois de la ville, qu'elle était restée constamment en jouissance, etc... : c'était la lutte du pot de terre contre le pot de fer.

Après de longs débats, la ville fut condamnée (1) et dut racheter les espaces nécessaires à son agrandissement.

Les trois portes et plusieurs tours furent démolies à la fin du xviiᵉ siècle, les murailles dérasées, le chemin de ronde supérieur réuni aux propriétés voisines, etc.

Aujourd'hui, c'est à peine si les Avallonnais se souviennent que leur ville fut une des premières forteresses de la Bourgogne.

ARMEMENT

La création des fortifications d'une ville constitue ce qu'on peut appeler sa *défense passive*. Mais pour assurer la sécurité d'une place, il ne suffit pas d'opposer l'inertie de ses murailles aux efforts d'un adversaire ; il faut lui résister en organisant une *défense active*, en armant la forteresse avec des engins répondant aux moyens d'attaque, en instituant enfin un corps de défenseurs.

(1) Archives de la Ville, **EE 10.**

L'armement d'une place est donc le corollaire de sa fortification.

Nous venons de faire la description de la fortification, organe de la défense passive ; il nous reste à parler de l'armement qui comprend :

1° *L'acquisition ou la fabrication des armes de guerre et de l'artillerie ;*

2° *La fabrication des munitions de guerre ;*

3° *L'organisation d'un service de guet et garde.*

1° ENGINS DE GUERRE

Les armes employées à la défense d'Avallon, au xv° siècle, et même pendant les deux siècles suivants, étaient bien primitives, comparées aux engins actuels. Elles appartenaient généralement à la ville. Les armes usuelles, telles que piques, hallebardes, arbalètes, arquebuses, etc., étaient fabriquées sur place ou dans les villes voisines : à Vézelay, à Noyers, à Chalons, etc. (1). Les pièces d'artillerie étaient achetées un peu de tous côtés, louées aux seigneurs ou empruntées à d'autres villes. On les faisait monter sur des bâtis ou sur des affûts en charpente.

Les armes employées du xv° au xviii° siècle étaient :

La Fronde. — Nous n'avons trouvé dans les comptes qu'une seule mention de cette arme (2) qui ne paraît pas avoir été couramment employée. Peut-être était-elle fournie par l'habitant. Il nous paraît superflu d'en faire la description.

(1) Archives de la Ville, CC 90.
(2)   id.   id.,   CC 91.

La Pique, la Hallebarde. — La *pique* était une arme très primitive, redoutable cependant dans les corps à corps de cavalerie. Elle portait le nom de *hallebarde,* lorsque son extrémité était traversée par un croissant ; la hampe était parfois dorée et ornée d'une banderolle, signe décoratif de ralliement (1).

L'Arbalète. — L'*arbalète* était une arme portative qui lançait des traits *empennés* (garnis de plumes). Elle consistait en un arc d'acier dont les extrémités étaient réunies par une corde tendue au moyen d'un « *guindal* » (2) ; cet arc, monté sur une hampe ou crosse, se débandait violemment au moyen d'un ressort et la corde chassait le trait avec force. La crosse était creusée, dans le sens de sa longueur, d'une rainure où l'on couchait le trait.

L'arbalète était beaucoup plus puissante et précise que l'arc simple : ce fut l'arme de jet la plus terrible au moyen-âge, et son usage se continua longtemps après l'emploi des armes à feu. Un bon arbalètrier tuait son homme à 200 pas. Les traits faussaient les armures et perçaient les cottes de mailles.

Cette arme fut longtemps employée concurremment avec les armes à feu : en 1473 (voir les comptes), 127 ans après la bataille de Crécy (1346), où fut inauguré l'emploi du canon, la ville faisait encore des acquisitions de traits pour les *arbalétiers*.

L'Arquebuse. — L'arme à feu portative la plus ancienne était l'*arquebuse* ou *acquebute,* dénommée

(1) Archives de la Ville, BB¹, CC 93, CC 239.
(2)   id.   id.,   CC 93.

aussi *couleuvrine à main,* vers le milieu du xv⁰ siècle. Elle se portait sur l'épaule.

L'*arquebuse à croc* était une arme de rempart appuyée sur un étrier ; elle pesait jusqu'à 20 kilos. On la faisait partir par une mèche mettant le feu à la poudre du bassinet. Dans l'*arquebuse à rouet,* une roue d'acier dentée mue contre un morceau de pyrite donnait des étincelles ; on y substitua plus tard la batterie à silex et elle devint progressivement le fusil moderne.

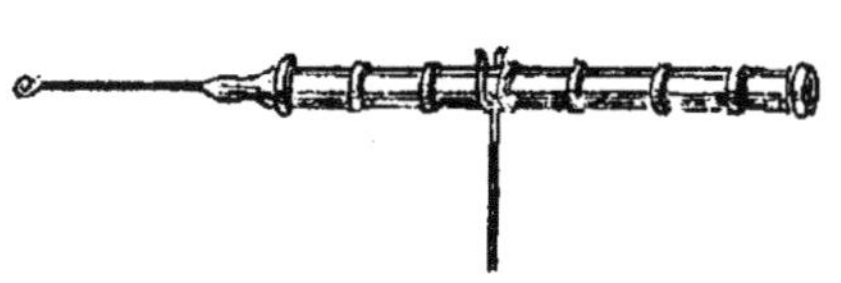

N⁰ 8. — ARQUEBUSE A CROC

La Couleuvrine ou **Serpentine** (ou encore *Faucon*). — La *couleuvrine* était un canon monté sur un bâtis en charpente ou sur un affût, de calibres très variables. La volée de la couleuvrine dépassait parfois 4 mètres et lançait des projectiles pesant jusqu'à 20 kilos ; sa portée était de 300 à 500 mètres : on

N⁰ 11. — SERPENTINE

l'appelait alors *serpentine* (1). Cet engin existait encore à la fin du xvii⁰ siècle.

Il était constitué par des douves en fer cerclées par des bandages de même métal. On fabriquait aussi en cuivre ou en bronze (2) des couleuvrines *à chambres,* se chargeant par la culasse (3).

(1) Archives de la Ville, CC 119.
(2)   id.   id.,   CC 119.
(3)   id.   id.,   CC 91.

Nous possédons encore à Avallon deux serpentines en fer du xvᵉ siècle ; elles sont plantées, en guise de bornes, de chaque côté de la porte de l'hôtel de ville.

La Bombarde. — La *bombarde* ou *mortier* était une pièce d'artillerie de gros calibre, à courte volée, qu'on commença à employer au xivᵉ siècle. Elle se fabriquait en fer forgé ou en bronze. Les projectiles étaient de gros boulets de pierre ou de fonte. Le poids de ces boulets en pierre atteignait 600 à 800 livres.

Nous aurons occasion de parler de la *Grosse bombarde de Bourgogne* employée en 1433 par le duc Philippe-le-Bon, au siège d'Avallon : ses projectiles en pierre atteignaient le poids de 800 livres, correspondant à un diamètre de 0ᵐ65, et pouvaient facilement faire brèche

N° 12. — Bombarde

dans les murailles, lancés des Chaumes ou de la Morlande.

Acquisitions d'Artillerie

Disons maintenant comment fut constitué progressivement l'armement de la ville d'Avallon.

Dès l'année 1404, aussi loin que remontent les comptes des receveurs municipaux, il est fait mention de deux « *colevrines* » mises « *en la porte Maulvot* » (Mauvais-Chien) (1) ; dix ans plus tard, le rece-

(1) Archives de la Ville, GG 81.

veur payait à deux charpentiers pour les « *énarme-
ments des deux bombardes et du canon de la ville
une somme de deux francs* » (1). Elle possédait
sans doute encore d'autres engins acquis antérieurement puisqu'à la date de 1414, Claude de Beauvoir,
sire de Chastellux, était préposé par le duc de Bourgogne à la garde de l'artillerie et des canons (2).

En 1429, elle achète une couleuvrine à Semur (3).

En 1433, le duc de Bourgogne amène son artillerie
pour faire le siège d'Avallon, — notamment la *Grosse
bombarde,* — l'artillerie de la ville étant au pouvoir
de l'ennemi.

En 1440, on achète trois couleuvrines de fer à
Jacquot de Saulieu et, en 1441, une couleuvrine de
cuivre à trois chambres (4).

En 1456, un délégué du duc de Bourgogne vient
visiter l'artillerie de la ville, pour savoir ce qu'était
devenue celle du duc, du temps du siège (5).

En 1464, la ville demande de l'artillerie à Dijon.

En 1465, elle fait fondre une serpentine par Jean de
la Croix, « *enclumier* » à Avallon, et la fait « *enchas-
ser* » par Jehan de Montréal, « *royer* » (charron), qui
fournit un « *assy* » (essieu) et deux « *rouelles* »
(petites roues). La même année, elle achète une
couleuvrine à Frère Jean Goux, curé de Pontaubert (6).

En 1466, elle loue à M. de Pisy un « *veuglaire* »
(canon en fonte), trois serpentines et deux couleu-

<hr>

(1) Archives de la Ville, CC 83.
(2) E. Petit, *Avallon et l'Avallonnais.*
(3) Archives de la Ville, CC 85.
(4)   id.   id.,   CC 90 et 92.
(5)   id.   id.,   CC 109.
(6)   id.   id.,   CC 114.

vrines et achète une couleuvrine à Guillaume Rauldot, « *collovrinier à Ouroux* » (1).

En 1469, elle achète encore deux couleuvrines à Rauldot (2) ; et, à Jacot Finelle, « *chambroyeur* » (charron), quatre chevalets et une serpentine.

La même année, le couleuvrinier du Duc vient inspecter l'artillerie.

En 1470, la ville paie, au bailly d'Auxois, 25 francs pour de l'artillerie qu'elle lui a achetée (3) ; elle fait faire, la même année (4), des sacs de cuir pour chaque pièce d'artillerie, ce qui, entre parenthèses, donne le nombre des pièces en service à cette époque, savoir : cinq serpentines, une couleuvrine à chevalet et dix couleuvrines ordinaires ; total, seize pièces.

En 1472, elle emprunte une serpentine au Chapitre de Saint-Lazare (5) et achète quatre pièces d'artillerie (6).

Ensuite, pendant près d'un siècle, il n'est plus fait mention d'acquisition nouvelle ; la ville se contente d'entretenir les pièces existantes, de faire « *desruiller et assaigier* » les engins pour s'assurer de leur bon fonctionnement (7).

On relate seulement, en 1535 et 1567 (8), des acquisitions et distributions, aux habitants, d'arquebuses ou acquebutes et de hallebardes appartenant à la ville.

Surviennent les guerres de religion qui obligent les Avallonnais à se garder.

---

(1) Archives de la V., CC 115.
(2)   id.   id., CC 118.
(3)   id.   id., EE 30.
(4)   id.   id., CC 119 et EE 13.

(5) Archives de la V., EE 30.
(6)   id.   id., CC 178.
(7)   id.   id., CC 137 et 138.
(8) Archives de la V., BB 1 et CC 150.

En 1566, on remonte six couleuvrines (1).

En 1568, la ville emprunte à Beaune douze arquebuses, en raison « *des ennemiz huguenoz la guettans et assaillans journellement* » (2).

En 1570, on achète à Troyes quatre pièces d'artillerie pesant ensemble 3.469 livres (3).

En 1571, un charpentier de Semur monte « *en flasque et sur roues* » deux pièces de « *campaigne* », deux *faucons* et une petite pièce (4).

En 1572, il est fait mention de quatre pièces d'artillerie (5).

En 1589, on emprunte de l'artillerie à Auxerre (6).

En 1590, on achète de Jacquin, « *fondeur de cloches* » à Avallon, moyennant 410 écus, deux couleuvrines de batterie en bronze ayant « *12 pieds de chasse outre la culasse, portant balles de 15 livres* », et un mortier (7) qui est placé sur un éperon de terre, derrière la vicomté, et converti en billon en 1598 (8).

En 1594, au moment où la ville est menacée par les troupes de Henri IV, elle paie un *maître d'artillerie* et un *canonnier* (9) pour l'instruction de la milice bourgeoise.

Un inventaire de 1601 accuse au magasin de Beurdelaine : trois faucons, six fauconnaux, dix-huit arquebuses, mille deux cent cinq boulets à faucon, vingt boulets à couleuvrine et une certaine quantité de poudre.

Avec le xvi° siècle et la pacification religieuse, finissent les acquisitions d'artillerie : Avallon a fait sa

---

(1) Archives de la V., EE 17.
(2) id. id., BB 1.
(3) id. id., CC 81.
(4) id. id., EE 58.
(5) id. id., CC 178.
(6) Archives de la V., EE 58.
(7) id., id., EE 17 et EE 60.
(8) Archives de la V., CC 205.
(9) id. id., EE 18,

soumission à Henri IV, elle ne songe plus qu'à panser les plaies de la guerre.

Il lui suffit de remettre sur affûts, en 1614, cinq pièces qui gisaient à terre.

Ses fortifications seront bientôt délaissées et, en 1676, elle pourra, sans regret, obéir à l'injonction du roi Louis XIV lui ordonnant de délivrer les cinq pièces d'artillerie susdites, renfermées dans la tour du Magasin (1).

L'artillerie, en temps de paix, fut remisée en l'hôtel de Cluny, jusqu'en 1470 ; puis dans la tour de l'Escharguet ; plus tard, dans une propriété appartenant au Chapitre (2) et enfin dans la tour du Magasin.

En résumé, l'organisation de la défense active d'Avallon comprend deux périodes :

La première, commençant avec le xv⁰ siècle et se poursuivant jusqu'en 1475 ; elle correspond aux guerres entre Bourguignons et Armagnacs, suivies des exploits des *Ecorcheurs*.

La seconde comprenant les trente dernières années du xvi⁰ siècle, correspond aux guerres de religion, pendant lesquelles Avallon eut à résister aux incursions des huguenots, voyageant en troupes organisées ou irrégulières, rançonnant les villes non fermées, dévastant leurs faubourgs, affamant les populations des campagnes par des perquisitions incessantes.

La ville n'a évidemment cédé qu'à d'impérieuses nécessités et s'est maintenue dans la plus stricte défensive. Ses acquisitions successives d'artillerie

(1) Archives de la Ville, EE 20.
(2)   id   id.,   CC 140.

faites à la hâte, suivant les besoins du moment, formaient un ensemble hétérogène, à peine suffisant pour défendre la cité, étant donné le grand nombre de points à protéger.

2° MUNITIONS DE GUERRE

Le service des engins de défense nécessitait l'emploi de *munitions* appropriées à chacun d'eux. Pour les arbalètes, il fallait des traits ; pour les serpentines, les couleuvrines, les arquebuses, les mortiers, il fallait de la poudre, des boulets de pierre ou de fonte, des grenades, de la « *mytaille* » (1), etc.

Les traits se fabriquaient à Avallon, mais on en achetait aussi à Montréal, à Vézelay, à Noyers et à Dijon, par quantité souvent importante (2).

Le commerce de la poudre étant libre, on en trouvait partout ; mais, le plus souvent, elle était fabriquée sur place. Le soufre et le charbon étaient fournis par le commerce ; le salpêtre, qui entre pour les trois quarts dans la fabrication de la poudre, était plus difficile à obtenir : on en ramassait sous les ponts (en 1465, sous le pont de Pontaubert) (3) ; on lessivait la terre des caves ou l'on s'adressait à des salpêtriers de profession auxquels la ville fournissait les bois nécessaires à la fabrication (4). La ville eut même son salpêtrier commissionné, qu'elle logeait gratuitement (5) et qui était dispensé du logement des gens de guerre (6).

(1) Archives de la Ville, CC 124.
(2)   id.   id.,   CC 83. Faire et *emprenner* 1100 trait.
(3)   id.   id.,   CC 113.
(4)   id.   id.,   CC 360, CC 365, CC 374.
(5)   id.   id.,   BB 16.
(6)   id.   id.,   EE 24.

Les boulets en pierre de Thisy (1) se fabriquaient naturellement par des ouvriers de la localité (2).

En 1574, la ville faisait fondre à Issoire 2.200 boulets de fonte pour le service de l'artillerie et achetait les « *coquilles et patrons* » ayant servi à les fondre (3).

En 1590, elle achetait des grenades pour 410 écus, en même temps qu'elle achetait des boulets à Vézelay.

3° GUET ET GARDE

L'Organisation

Prudence est mère de sûreté, dit le Proverbe. Pour une ville assiégée, aussi bien que pour une armée en campagne, la meilleure garantie de sécurité est la vigilance. Il faut croire que le service d'éclairage, ou du *Guet,* comme on disait alors, était bien rudimentaire en l'an de grâce 1432, puisque le capitaine Fort-Epice put s'emparer de la ville par un audacieux coup de main, malgré des défenses déjà respectables.

Après cet échec, on reconnut la nécessité d'une organisation sérieuse.

La milice bourgeoise fut divisée en *dixaines* ayant leurs chefs et leurs postes désignés.

Un règlement édicté en 1439, porte : « *Quand aulcun effroy viendra, que ung chacun s'en aille à son guet, armé et habillé, à paine de VI blancs à appliquer à la dicte ville, et sera tenu le dixainier de rapporter les défaillans au Receveur de la ville et baillera par rôle, et fera le dict dixainier savoir à ces gaites là où ils devront aler* » (3).

(1) Archives de la Ville, CC 169.
(2)   id.   id.,   CC 88 et 169.
(3)   id.   id.,   EE 28.

Pour la facilité du service, la ville était divisée en 7 secteurs repérés sur les murailles (1).

Ce même règlement défendait « *que nuls des habitans ne viegnent à la Grand'Porte, fors que ceulx qui y sont ordonnez, à la paine de 2 sous 6 deniers d'amende et aussi que nulles femmes doresnavant ne viegnent à la dicte Porte, ne sur les murs, sur la dicte paine. Lesquelles femmes les dixainiers auront le povoir de faire descendre* ».

Les retrayants des villages voisins (2) étaient tenus au guet et à la garde des portes et des tours, concurremment avec les habitants ; en temps de guerre, ils avaient droit de refuge dans la ville.

L'amende pour défaut du guet était fixée à un ou deux blancs par mois (3).

Malgré cette pénalité, la surveillance laissait certainement à désirer ; ainsi, en l'année 1455, la taxe à payer pour l'exemption du guet par les habitants et les retrayants d'Avallon, donnait lieu à une redevance de 521 francs, soit environ 17.000 francs au cours actuel de notre monnaie, redevance qui ne fut d'ailleurs que partiellement recouvrée. Mais, si l'on considère que la ville était divisée en sept secteurs gardés chacun par dix hommes, qu'il fallait faire le guet aux portes, sur les murailles et dans les tours, on conviendra que ce service constituait une lourde charge pour les habitants et pouvait donner lieu à quelques défaillances.

(1) Archives de la Ville, CC 123 et EE 28.

(2) id. id., II¹. — Villages, hameaux ou maisons isolées qui, au nombre de 103, avaient droit de refuge dans la ville.

(3) Archives de la Ville, EE 28.

On dut souvent renforcer la garde de la ville en temps « *d'éminens périls* » : ainsi, on mettait le 16 février 1472 (d'après les Comptes), 18 hommes de renfort pour garder les portes le jour « *de l'ossicque* » (des obsèques) de Jean de Jaucourt, seigneur de Villarnoul (1) ; en temps d'épidémies contagieuses ou les jours de foires, la garde était doublée ; une compagnie de soldats était parfois organisée en dehors de la milice bourgeoise (2). Les pestiférés étaient impitoyablement refoulés hors de la ville comme ennemis de la sécurité publique (3) ; en 1526-1527 et 1587, on construisit même plusieurs « *loges* » (4) sur les Chaumes et dans les champs pour « *y mectre et héberger les contagiés* » (5) ; on détruisait les chiens « *vaccans* » par la ville (6) ; on brûlait du genièvre sur les places publiques ; on pourchassait les vagabonds, ce qui n'empêchait nullement les joueurs d'instruments, soldés par la ville, de se promener allègrement dans les rues tous les matins, suivant l'usage, « *aux avans de la Nativité* », jouant « *à la louange de Dieu, selon la manière accoustumée* (7), *chantant noëls et cantiques* » (8).

Le guetteur fut d'abord installé au clocher de Notre-Dame-Saint-Lazare. La tour d'horloge, nous l'avons vu, servit au guet après son achèvement.

En 1438, le guet de jour était fait par abonne-

(1) Archives de la Ville, CC 121.
(2)   id.   id.,   EE 59.
(3)   id.   id.,   CC 137, 141, 146, 169, 170.
(4)   id.   id.,   CC 193.— Jusqu'à 15 loges en 1587.
(5)   id.   id.,   CC 141, 142, 143 et 193.
(6)   id.   id.,   CC 146.
(7)   id.   id.,   CC 168, 183 et 336.
(8)   id.   id.,   CC 194.

ment. En 1481, le guet de nuit faisait également l'objet d'une entreprise particulière dont le sieur Guillaume de Parthenay s'était chargé, moyennant le prix annuel de 148 francs (1).

En 1579, on payait 96 écus le guet de nuit à la tour d'horloge et 48 écus le guet de jour pour les portes et pour l'horloge (2).

En 1590, peu de temps après l'avènement de Henri IV, la surveillance devenait plus rigoureuse, par suite du voisinage des huguenots. Un règlement délibéré en assemblée générale décidait la création d'un corps de 30 soldats arquebusiers à pied, chargé de concourir au guet et garde de jour et de nuit, concurremment avec les habitants. L'entrée de la ville était interdite aux gens suspects ; il était défendu de porter des fanaux pouvant servir de signaux à l'ennemi, etc. (3).

En 1609, on payait 216 livres, pour trois ans, à Maublanc, « *clercelier* », chargé de l'ouverture et de la fermeture de la Porte Auxerroise et d'empêcher « *l'entrée des estrangers et autres gens mal affectionnez* ».

La Petite Porte était fermée les jours de foire et complètement condamnée en temps de guerre.

Un portier existait à chaque porte qui avait également ment son corps de garde ; en 1586, on construisait, « *en forme de pavillons* », les corps de garde de la Grande et de la Petite Porte : l'un couvert en « *aisseaume* » (chaume) et l'autre en « *thieules* » (tuiles) (4).

(1) Archives de la V., CC 127. | (3) Archives de la V., EE 59.
(2)   id.   id.,   CC 148. | (4)   id.   id.   CC 194.

Les cloches de Saint-Julien annonçaient l'ouverture et la fermeture des portes (1) et les hommes du guet étaient conduits à leur poste aux sons du fifre et du tambourin (2).

Un *capitaine d'armes,* élu par l'assemblée générale des habitants, était préposé à la défense de la ville ; il allait asseoir le guet et, en cas de doute pour la sécurité de la ville, fermait les portes au moyen d'une clef secrète (6). C'était toujours un guerrier, le plus souvent un noble des environs. Cependant, en 1470, Charles-le-Téméraire dénia aux habitants le droit de nommer le capitaine gouverneur de la ville (7). En 1567, Et. Fitzjean était néanmoins nommé *par les habitants*, malgré les ordres donnés par M. de Tavanne (8).

Le Chapitre de la Collégiale était tenu de donner au capitaine gouverneur un logis garni de meubles et ustensiles (4).

En 1470, ses émoluments, payés par la ville, étaient de 30 francs par an (9).

Indépendamment de toutes ces charges, la ville envoyait à l'armée du Duc, à ses frais, un certain nombre de guerriers tout équipés qu'on appelait *piotons* (2).

Comme on le voit, la garde de la ville s'était sérieusement organisée et modifiée suivant les temps et circonstances.

(1) Archives de la Ville, CC 204.
(2)   id.   id.,   CC 168 et 169.
(3)   id.   id.,   CC 126.
(4)   id.   id.,   AA 7.
(5)   id.   id.,   AA 8.
(6)   id.   id.,   AA 14.
(7)   id.   id.,   CC 119.
(8)   id.   id.   CC 119 et 124

Le Service d'Eclairage

Mais il fallait aussi s'éclairer sur la marche de l'ennemi.

On peut constater, en parcourant les comptes, que des courriers ou estaffettes étaient souvent envoyés en reconnaissance ou en mission. Les nombreuses dépenses qui s'y rapportent montrent l'importance qu'on attachait alors au service des informations.

On constate, par exemple :

AU XVe SIÈCLE

1404-1408. — Dépense faite par le bailli d'Auxois venu à Avallon pour apporter des lettres du duc de Bourgogne ordonnant aux habitants de se garder ; à Julien Martenot qui porta des lettres closes à Monseigneur de Bourgogne sur le fait des « *Armignas* » (Armagnacs).

1416. — A Jehan Choireaul pour être allé à Auxerre savoir le chemin que tiendraient les « *Armignas* ».

1428. — Avis de la Vuidange d'Entrains par l'ennemi.

Idem de Vézelay et de Coulanges.

1429. — A deux femmes « *qui furent veoir en Plausse descouvrir pour ce que l'on disait que les Armignas y estoient* » ; à divers, guet hors la ville.

1434. — A Guillaume « *du Vaul* » envoyé à Dijon porter au duc de Bourgogne des lettres relatives au siège de Coulanges.

1438. — A deux hommes qui sont *allés dehors*, la nuit, écouter si les Ecorcheurs venaient.

1441. — Guet en la tour ronde pour « *doute des Ecorcheurs* ».

1443. — M. de Chastellux fait savoir que les Ecorcheurs sont logés près d'Aunay.

1465. — Parisot va à Montréal avertir Jean de Borges qu'il se donne garde des garnisons du « Nivernais » qui voulaient « *courre* » en Bourgogne.

1470. — On ébranche, sur la Morlande, 4 chênes qui empêchent de voir.

1477. — Bois du guet, 6 blancs par jour.

1493. — On fait le guet de jour, sans interruption, pendant 17 jours.

AU XVIᵉ SIÈCLE

1521. — Jean de Praelles asseoit le guet par crainte des « *aventuriers* ».

1523. — Envoi de lettre au gouverneur, touchant les « *aventuriers qui gâtent le pays plat, près de la ville* ».

1562. — M. de Tavanne ordonne de faire bon guet : « *advisez de ne recevoir un seul des soupçonnez qui ont été mis dehors, car cela appourte la perdition de votre ville* (1) ; 29 habitants, puis ensuite 41, s'engagent comme « *souldats et gens de guerre pour la garde de la ville, tant de jour que de nuict, soyt en la ville ou pour faire sorties ès environs d'icelle* » (2).

1565. — Les habitants d'Avallon demandent si ceux de la *nouvelle religion* doivent être du guet.

1568. — Les Avallonnais sont avertis de se bien garder car « *des menées se font pour surprendre la ville ou lui donner quelques estraictes* » (3).

(1) Archives de la Ville, EE 37, 43 et suivants, jusqu'à EE 60.
(2)   id.   id.,   EE 37.
(3)   id.   id.,   EE 43.

1570. — Le gouverneur de la Province ordonne que la garde des portes et le guet ne se feront que par les habitants catholiques. On se défie des protestants.

1571. — Ordonnance du Maréchal de Bourgogne prescrivant de ne plus faire le guet sur les murailles que par des hommes de bonne volonté au nombre de quatre seulement, sans autre arme que la dague et l'épée.

1575. — Requête aux fins de « *cothiser ceulx de la nouvelle opinion pour fournir aux fraiz de guet et garde* ».

1591. — Des soldats de 3 compagnies sont retenus pour garder la ville, « *attendu que le maréchal d'Aulmont ne faisait que tournoyer autour d'Avallon, prétendant l'assiéger* ».

Les Archers, les Arbalestiers, les Chevaliers de l'Arquebuse

Sous l'empire de la crainte causée aux Avallonnais, aussi bien par les armées régulières que par les aventuriers de toutes sortes, les habitants sentirent de bonne heure la nécessité de se protéger eux-mêmes et de s'exercer au maniement des armes de guerre. Une compagnie d'*archers* fut d'abord organisée entre eux ; puis, successivement, avec les progrès de l'armement, ils fondèrent une compagnie d'*arbalestiers* et une compagnie d'*arquebusiers*. Ces trois sociétés existèrent même concurremment, jusqu'en l'année 1609 où les *chevaliers de l'arquebuse* furent définitivement reconnus par des lettres patentes du roi Henri IV.

La compagnie d'archers existait antérieurement à

1522, car, à cette date, il est question dans les comptes des Receveurs d'un homme mort de la peste « *ès buttes des Archers, près de la Grand'Porte* » (1). C'est là qu'était, en effet, le champ de tir (voir le plan) (2).

La compagnie des arbalestiers existait en 1557 : il est fait mention dans ces mêmes comptes d'une fourniture gratuite de bois au *roi des arbalestiers* (3).

En 1606, 1607 et 1611, les trois rois des archers, des arbalestiers et des arquebusiers étaient, au même titre, exemptés de l'impôt (4).

Enfin, les lettres patentes accordées en 1609 par Henri IV à « ses bien-aimés habitants d'Avallon qui se sont *de tout temps* exercés au dit jeu et qui, dans la crainte d'y être empêchés à l'avenir, lui ont demandé ses lettres de permission », confirmèrent les arquebusiers dans leurs privilèges. Les trois compagnies n'en formèrent plus qu'une.

D'après le règlement, celui qui abattait l'oiseau dit Papegault ne payait pas d'impôt, quelle que fût sa fortune ou sa profession ; l'habile tireur qui l'abattait trois années de suite en était exempté pour sa vie entière. La compagnie avait le droit « *sans demander congé ny permission* », de faire sonner le tambour par la ville, pour les assemblées, « *comme aussi de porter par la ville, le jour des roys, un gâteau que donne celui qui est roy du dit jeu de l'arquebuse* ».

Les compagnies de Cravant, d'Auxerre et de Paris lui empruntèrent ses statuts (5).

(1) Archives de la Ville, CC 138.
(2)   id.   id.,   CC 165.
(3)   id.   id.,   CC 163.
(4)   id.   id.,   CC 213 et CC 215.
(5) E. Petit, 1re édition, *Pièces justificatives*.

Les « *chevaliers du noble jeu de l'arquebuse* » continuèrent à s'exercer dans le champ de tir établi dans les fossés de la ville (1), entre la Grand'Porte et la tour du Haut-Pan. Ils concoururent à la garde et à la défense de la ville, surtout pendant les guerres de religion (2), sous le commandement du capitaine gouverneur.

En 1717, le tir fut transféré dans un terrain, acheté par la ville en 1714 (3), situé entre la ruelle d'Auvergne et l'ancien cimetière (4) ; on y construisit un bâtiment d'administration et deux pavillons pour les tireurs.

Cette corporation, qui présentait beaucoup d'analogies avec nos sociétés de tir actuelles, reçut, à titre d'avances, des subventions importantes de la ville (5), à l'occasion de son déplacement ; il lui était alloué en outre, chaque année, un prix de 30 francs pour le « *Roy de l'Oiseau* ».

Une notice fort intéressante, publiée par M. Hérardot, fait connaître le but, le règlement, les succès et la fin de cette société (6).

Après la chute de l'institution, en 1747, la ville rentra dans ses avances. On lit, en effet, aux comptes de 1759-60 : « Le jeu de l'arquebuse étant tombé, faute de chevaliers, la ville est rentrée dans les fonds qui avaient été concédés à l'établissement » (7).

(1) Archives de la Ville, EE 95.
(2)　　id.　　id.,　　EE 59.
(3)　　id.　　id,,　　CC 318.
(4)　　id.　　id ,　　DD 150. — Plan.
(5) En 1715, 300 livres ; en 1722, 1.320 livres ; en 1733, 1.300 livres ; en 1737, 700 livres ; en 1759, 225 livres.
(6) Heurley, *Avallon ancien et moderne*.
(7) Archives de la Ville, CC 369.

Les bâtiments devinrent propriété communale. En 1763, la ville les amodiat, moyennant 71 livres par an, au sieur Boudin, président au grenier à sel d'Avallon, pour y installer une filature (1) ; elle chargea une demoiselle Patouillat « d'apprendre aux jeunes filles à filer le coton, conformément aux ordres et aux intentions de Mgr l'Intendant », aux gages de 350 livres par an, dont la moitié devait être payée par « *la Charité* ». Les gages de la directrice figurent encore au budget municipal de 1777. A partir de cette époque, l'immeuble fut loué par la ville (2) et affecté ensuite, en partie, à l'ouverture de la nouvelle rue dite de l'*Arquebuse*. C'est le seul souvenir qui nous soit resté de cette institution.

(1) Archives de la Ville, CC 372 et HH 35.
(2) Loué 315 livres en 1782. — Archives de la V., CC 392

CHAPITRE III

BUDGET DE LA FORTIFICATION

Au moyen-âge, la ville n'avait aucun revenu fixe. Elle ne pouvait, par conséquent, subvenir aux dépenses de la *communauté* ou aux dépenses des *fortifications* qu'en appliquant des taxes d'octroi ou *aides,* avec l'autorisation du duc de Bourgogne et le consentement « *de la plus grande et saine partie des habitans* » réunis en assemblée générale. Aujourd'hui, l'Etat *tutélaire* se dispense de cette dernière formalité.

Recettes. — Les octrois s'appliquaient surtout au sel, au vin et au blé et, parfois, au pain, à la viande, au drap, au cuir, etc.

1° AIDE DU SEL. — Au début du xvᵉ siècle, l'*aide du sel* était de 2 francs d'or, « *sur chaque muy de gros sel de mer, vendu au grenier à sel, et sur chaque charge de sel de salins, la charge contenant 4 bénastes, chacune bénaste contenant 12 salignons ; pour chaque salignon, un denier* » (1). De 1445 à 1456, cette aide était de 12 deniers tournois « sur chaque *benasse* » ; elle avait été autorisée spécialement pour réparer les fortifications et construire 4 tours (2). En 1582, Henri III autorisait pour 10 ans un impôt de trois sous par minot de sel. En 1592, cet impôt était porté, par Charles de Lorraine, duc de Mayenne, à 8 sous par minot.

(1) Archives de la V., CC 81. | (2) Archives de la V., CC 30.

2° Aide du Vin. — L'*aide du vin* ou de la *courte-pinte* était ordinairement fixée au huitième du vin vendu au détail (1). Elle était affermée chaque année à des prix variables portés en recettes par les receveurs. Les aides du sel et du vin reparaissaient chaque année aux comptes de recettes ; elles formaient le fonds du *budget ordinaire*.

3° Taxes spéciales. — D'autres taxes exceptionnelles étaient motivées par des besoins urgents ou imposées par les Etats de Bourgogne pour les besoins de la province et pour les fortifications ; elles étaient appliquées à ce que nous appellerions aujourd'hui *budget extraordinaire*.

Dépenses. — Le compte des *dépenses* se divisait habituellement en deux parties : la première comprenait les dépenses ordinaires des *Deniers communs* ; la seconde les dépenses extraordinaires ou de *Fortifications*, votées par les Etats ; ces dernières absorbaient la majeure partie des recettes, surtout au xv° siècle.

Les comptes des receveurs étaient contrôlés par les « *vérifieux* » choisis parmi les échevins ou les notables. Ainsi, les comptes de 1470-71 portent pour titre et pour signatures :

Cahier de vérification des dépenses faites par Jacot Odebert, procureur et receveur des bourgeois et manants d'Avallon. Vérificateurs : Jean Mauvoisin, lieutenant du bailli, Jean Petitbaul, chanoine délégué du Chapitre, Pierre de Praelles, lieutenant de la Chancellerie, Jean Dehan, Guillaume Regnauldin, délégués des bourgeois.

(1) Archives de la Ville, CC 30 et 32.

Il n'est guère possible aujourd'hui de chiffrer exactement l'importance totale des travaux entrepris par la ville pour sa défense : il faudrait pouvoir récapituler tous les comptes de dépenses, dont une partie n'existe plus. Mais en appliquant une estimation approximative aux ouvrages décrits dans le *Tour de Ville,* folio 22, on arriverait à une estimation supérieure à deux millions de francs au cours de la monnaie actuelle.

On comprend qu'après avoir subi, du xve au xviie siècle, des charges énormes pour l'édification, l'entretien et l'armement de leur forteresse, les Avallonnais durent s'en croire les seuls et légitimes propriétaires. Aussi protestèrent-ils énergiquement contre les prétentions du Domaine qui, en 1694, revendiqua la possession de tous les espaces occupés par les casemates, bastions, remparts et tous autres ouvrages de fortification.

La ville n'eut pas gain de cause, comme nous l'avons vu (1) ; mais, à l'occasion de l'instance qu'elle engagea contre le fermier du Domaine, elle produisit, à la date du 15 juin 1694, un mémoire faisant connaître, dans un ordre chronologique, quelques-unes des contributions extraordinaires qu'elle dut supporter pour l'établissement et l'entretien de ses fortifications. Nous donnons, pour terminer, des extraits de ce document intéressant au point de vue budgétaire (2).

---

(1) Voir l'arrêt du Conseil d'Etat du roi, de septembre 1678. — Archives de la Ville, EE 10 ª.

(2) Archives de la Ville, EE 10 ª.

*Extraits du Mémoire produit par les sieurs maire,
échevins et habitans de la ville d'Avallon, contre
maistre Jean-Baptiste Cominet, soit disant procureur spécial de maistre François Padier, fermier
du Domaine.*

. . . .

« Les défenseurs produisent des lettres en parche-
min de Philippe-le-Bon, duc de Bourgogne, données
à Bruxelles le 28 décembre 1451, qui portent que les
murailles de la ville d'Avallon aiant été ruinées par
les guerres et par le siège, que ce duc avait été obligé
luy même d'y former pour la retirer des mains des
ennemis qui s'en estoient rendus maistres, les habitans avoient restably partie des fortifications et com-
mancé de bastir quatre grosses tours pour le para-
chèvement desquelles, et des autres fortifications il
leur permit pendant six ans la levée de douze deniers
tournois sur chaque bénaste de sel de salins qui se
vandoit au grenier à sel d'Avallon, le tout, est-il dit,
sans diminution du droit des gabelles appartenant au
Duc ny du droit du marchand qui fournissoit le dit sel
à Avallon.

« Ils justifient, par un marché fait par devant le
lieutenant civil au bailliage d'Avallon, le 27 mai 1464,
qu'ils ont fait bastir une grosse tour appellée en
Lautpan, proche la porte Auxerroise, laquelle ne fut
achevée qu'en 1507, suivant qu'en font foy les titres
et registres de la Chambre de ville.

« Louis XI, par ses lettres patentes de septembre
1481, en confirmant les octrois qu'il leur avait accordés sur le vin et sur le sel, pour emploier aux fortifications de la ville, permit aux habitans de se faire

allouer à la Chambre des Comptes une partie des deniers provenans des octrois pour les frais qu'ils avoient faits pour entretenir des gens de guerre pour la garde de leur ville.

« Ces octrois n'estant pas suffisans pour mettre en sureté la ville d'Avallon contre les irruptions des ennemis et les surprises des huguenots dont les villes de Vézelay, de Noiers et autres circonvoisines estoient remplies, il fallut que les habitans y consommassent leurs deniers patrimoniaux et leurs propres revenus.

« On void en effet qu'entre autres imposts faits sur eux, il y en eut un le 18 avril 1570 fait par les officiers du Roy à Avallon sur tous les habitans pour la fourniture des matériaux nécessaires pour la construction de deux autres tours et deux porteries au-devant de la Grande Porte.

« Les registres de la ville, folio 158, font foy qu'en 1581, la tour de Pontaubert estant tombée, elle fut redifiée à chaux et à sable des deniers de la courte-pinte et, folio 159, qu'en 1582 qu'au lieu de la cache-matte qui avait été façonnée de terre aux murailles estant entre la Porte Auxerroise et le boulevard de la tour Asquins, on construisit à chaux et à sable une forte et puissante tour en forme de boulevart et plate-forme garnie d'une voûte, cinq grands canoniers en bas et sept en la courtine d'en haut et pour ce, on emploia des deniers de la courte-pinte et ceux provenant de la vente de l'escorce des bois qui font les communaux de la ville d'Avallon.

« En la même année 1582, la courte-pinte et le fond de la ville ne suffisant pas pour survenir à d'autres fortifications de la ville, les eschevins et habitans obtinrent d'Henri III des lettres patentes données à Fontainebleau, qui énoncent comme, pour s'opposer aux surprises des huguenots, ils avaient nouvellement fait construire une tour, acheté artillerie et autres munitions de guerre pour conserver la ville à l'obéissance du Roy, contenant, au reste, la permission à eux donnée de lever pendant 10 ans trois sols par minot de sel pour faire parachever les fortifications.

. . . .

« Dirat'on encore qu'il résulte des Lettres de Charles de Lorraine, duc de Mayenne, lieutenant général de l'Estat roial et couronne de France, que les habitans, de leurs propres deniers autant que des communs provenant des octrois, avaient fait bastir un ravelin et un éperon devant la Porte Auxerroise d'Avallon, et trois boulevards, l'un à l'encoignure de la tour Voisselet, près la Petite Porte, l'autre à l'encoignure de la tour de Bredelaine et le troisième à celle de la tour Ronde, tous revestus de bonnes et fortes murailles.

« Qu'ils avaient fait élever une cachemate pour servir de défense au flanc de la Porte Auxerroise et qu'ils voulaient encore faire un ravelin au-devant de la Grande Porte et acheter des pièces d'artillerie, on leur permit, pour cet effet, de lever sur eux, pendant trois ans, trente sols par chaque muid de vin vendu en détail, et seize livres huit sols par minot de sel vendu au grenier à sel d'Avallon.

« En 1594 que la ville d'Avallon se soumit à l'obéissance d'Henry IV, elle présenta ses articles qui furent tous acceptés et, entre autres choses, il leur fut octroié de lever dix sols par minot de sel, jusqu'à la somme de deux mille écus, pour achever la construction d'un boulevard qu'ils avaient commencé au-devant de la Grande Porte. Et, en effet, sur le frontispice du premier portail on void qu'elle fut construite en 1594 et, au milieu, sont les armes du Roy et celles de la ville.

« Ils justifient du marché qui fut fait le 1er février 1594 pour la construction de la porterie neuve pour le prix de 240 écus d'or.

« Quelques efforts que fissent les habitans pour mettre et tenir en estat les clotures de leur ville, ils n'empêchèrent pas que lors de la visite qui fut faite par le sieur Trésorier Desbarres, commissaire député, on ne reconnût qu'il y avait des réparations à faire pour 9.308 livres dont il dressa son procès-verbal le 24 juillet 1609.

« Les habitants y ont satisfait et, successivement, de temps à autre, ont fourny de grosses sommes d'argent pour l'entretien des fortifications et remparts de leur ville. Nouvellement, le sieur Chalopin de Flavigny ayant été commis par M. l'Intendant de cette province, il dressa son procès-verbal au mois de juillet 1689, des constructions et réparations qu'il y convenait faire, auxquelles ils ont encore satisfait.

. . . .

« Sans parler de plusieurs acquisitions par eux faites n'y de diverses sommes par eux empruntées pour fournir à l'entretien des soldats et autres gens pour la garde de leur ville, l'un de leurs antiens privilèges dans lesquels ils ont étés maintenus, et par les ducs de Bourgogne et par nos roys, notamment par les lettres patentes d'Henri IV, de 1594, estant de se nommer eux-mêmes un capitaine, un gouverneur et un lieutenant, et de faire le guet et la garde de leur ville.

. . . .

« Après cela, peut-on écouter la demande de maistre Jean-Baptiste Cominet qui estant enfant d'Avallon est parfaitement instruit de ses droits et privilèges, qu'on ne le soupçonne pas de vouloir ruiner, y a-t-il apparence quelconque de réunir au Domaine des tours, des boulevards et des remparts qui n'ont jamais été construits, entretenus et gardés qu'aux frais de la communauté et des habitants d'Avallon, de quel droit prétendre à leur préjudice certaines places que le demandeur ne saurait justifier avoir dépendu du Domaine, n'y esté acquise aux frais du Roy et que les défendeurs, au contraire, font voir avoir été achetée par leur communauté et paié de leurs propres deniers et de ceux de la communauté. »

. . . .

Délibéré à Dijon, le 15 juin 1694.

Signifié le 16 juin 1694 à M. J.–B. Cominet, procureur spécial du sieur Padiez, en son bureau de cette ville de Dijon.

(A suivre)   J. PREVOST.

2e Partie : **Chronique militaire avallonnaise.**

AVALLON. — Imprimerie E. ODOBÉ, rue de Lyon, 14, Paul BRAND, succ^r.

AVALLON

VILLE DE GUERRE

DEUXIÈME PARTIE

CHRONIQUE MILITAIRE AVALLONNAISE

Par M. JOSEPH PRÉVOST

(Extrait du Bulletin de la Société d'Etudes d'Avallon)

(Année 1904)

AVALLON

IMPRIMERIE PAUL GRAND, RUE DE LYON, 14

1905

AVALLON

VILLE DE GUERRE

DEUXIÈME PARTIE

CHRONIQUE MILITAIRE AVALLONNAISE

Par M. Joseph PRÉVOST

(Extrait du Bulletin de la Société d'Études d'Avallon)

(Année 1904)

AVALLON

IMPRIMERIE PAUL GRAND, RUE DE LYON, 14

—

1905

DEUXIÈME PARTIE

CHRONIQUE MILITAIRE AVALLONNAISE

———

Les fortifications que nous avons décrites, dans la première partie de cette notice, constituent le squelette de la cité militaire avallonnaise ; elles ont été les témoins des épisodes dont l'histoire locale est remplie.

Il est temps de ressusciter la vieille ville dont nous avons étudié la structure et les organes, d'assister aux luttes si émouvantes qu'elle eut à subir durant le moyen-âge et pendant les guerres de religion, d'apprécier enfin, comme ils le méritent, la vaillance et le patriotisme de nos ancêtres.

Nous n'aurons pour cela qu'à condenser les récits des chroniqueurs (1) et de plusieurs savants contemporains. Il n'y a plus guère à glaner après ce qu'ont écrit les Petit de Vausse, les Challe, les Quantin, les Raudot, les Baudoin, l'abbé Baudiau, etc. ; il nous

(1) Fortunat, Monstrelet, dom Plancher, Courtépée, Saint-Remy, etc.

daire d'Autun possède une précieuse inscription mentionnant *Anvallonacvm*.

On est donc fondé à attribuer à Avallon une haute antiquité.

Aballo, selon Courtépée, dépendit ensuite des Mandubiens habitant l'Auxois et les environs d'Alise (1).

Sous la domination romaine, *Aballonem* devint le centre d'une division de l'Empire, le *pagus Avalensis* ou *Avaliso,* qui s'étendait de Châtel-Censoir à Gouloux et Arnay-le-Duc, et de Noyers à Corbigny. Cette période, qui dura près de cinq siècles (de 51 ans avant Jésus-Christ à 418 ans après) ne pouvait manquer de laisser des traces dans le pays. Les vainqueurs s'y fortifièrent, y établirent des voies de communication, des villas, des temples, etc. La grande voie stratégique d'Agrippa le traversait du Sud au Nord, en passant par Autun, Auxerre et Sens. Aux environs d'Avallon, on en retrouve des traces à Voutenay, Sermizelles, Saint-Moré, Magny, Rouvray, etc. (2) ; et dans la ville même, elle a été repérée sur cinq ou six points : elle suivait la rue des Jardins et passait derrière l'église Saint-Martin du bourg.

Les ruines romaines si intéressantes du bois des Chagnats, de la Bouchoise, de Montmarte, d'autres traces de constructions à Saint-Moré et à Arcy et diverses médailles, sont les témoins d'une occupation prolongée comportant le luxe habituel des habitations romaines de cette époque.

(1) Courtépée, *Description de la Bourgogne.*
(2) Baudoin, *L'Avallonnais à l'époque celtique.* — *Bulletin de la Société d'Etudes.*

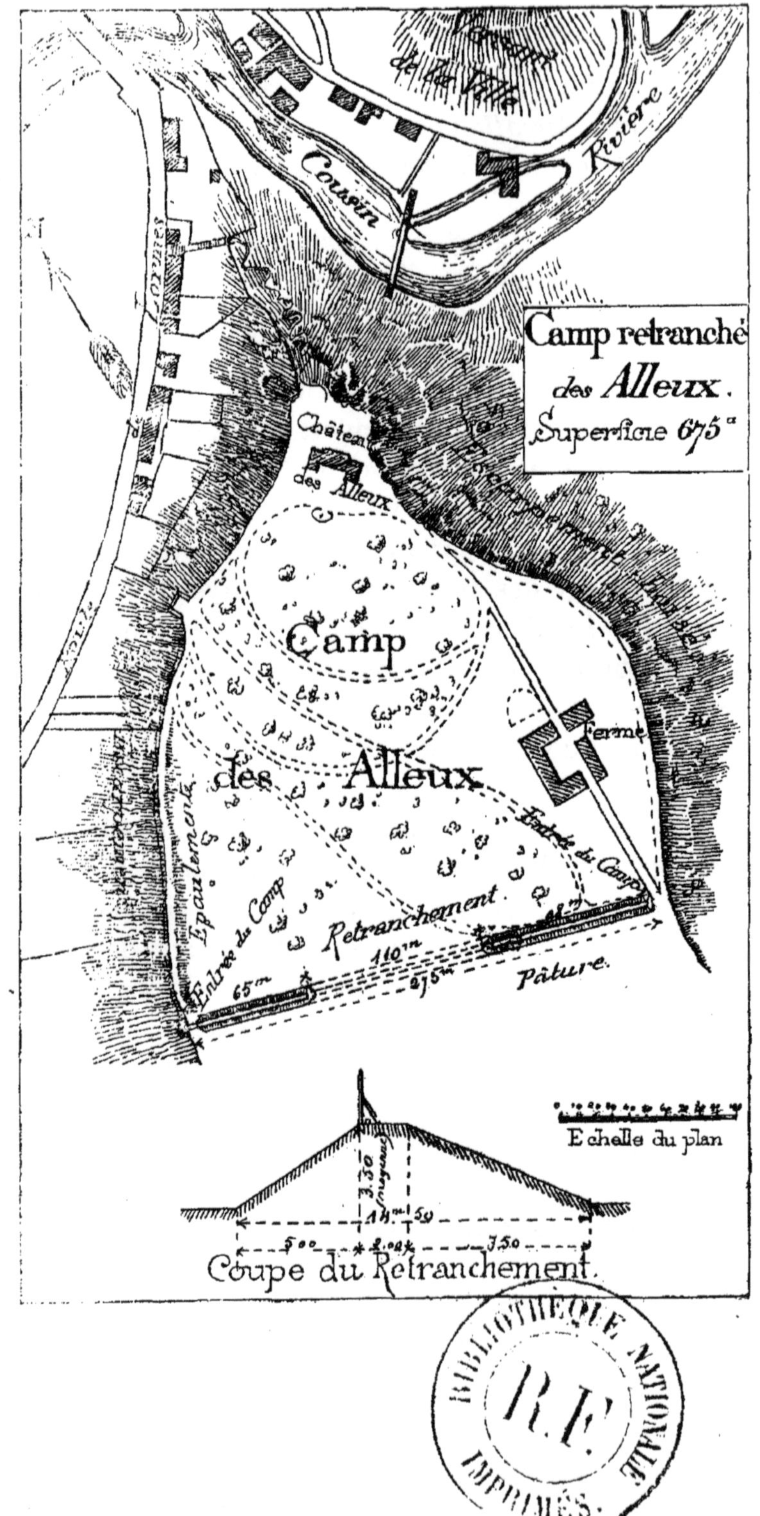

Coupin
Rivière
de la Ville
Camp retranché
des Alleux.
Superficie 675ᵃ
Château
des Alleux
Camp
des Alleux
Ferme
Épaulement
Entrée du Camp
Sortie du Camp
Retranchement
110ᵐ
65ᵐ
75ᵐ
Pâture
Échelle du plan
Coupe du Retranchement

Le Camp des Alleux

Il existe, à Avallon même, un reste important d'une ancienne station militaire : c'est l'ancien *Camp des Alleux* (1), que les gens du voisinage appellent aussi la *Redoute*. Il était formé par un retranchement en terre de 273 mètres de longueur, de 14 mètres environ de largeur à la base et de 2^m50 à 3^m50 de hauteur (voir le plan et la coupe ci-contre). Il se prolongeait par un épaulement du côté Nord-Ouest où l'escarpement était moins prononcé.

Ce travail est assez remarquable pour que nous nous permettions une digression à son égard. Nous ne sortirons d'ailleurs pas de notre sujet, puisqu'il s'agit d'un établissement militaire situé sur notre territoire.

Lorsque les Romains envahirent la Gaule, avec l'intention d'y établir leur domination ; lorsque, plus tard, ils durent s'y défendre contre les invasions des Germains, des Huns, des Visigoths, des Francs, des Burgondes, etc., ils construisirent, à proximité des grandes voies de communication, des postes ou campements permanents et d'autres moins importants où les légions en marche pouvaient trouver un refuge momentané, en cas de surprise : c'est le système des blockaus que nous appliquons encore aujourd'hui pour pénétrer en Afrique. Des postes de ce genre furent établis dans notre région, à peu de

(1) Terme de féodalité ; propriété affranchie de tout droit seigneurial.

distance de la voie romaine d'Agrippa. Nous pouvons citer, d'après M. Bulliot (1), le camp de *Saint-Martin d'Autun* (Saône-et-Loire), celui du *Paquier-Vert*, près de Manlay (Côte-d'Or), le camp de *Montelle*, près La Roche-en-Brenil (Côte-d'Or) ; nous y ajouterons, en suivant la voie romaine : le camp des *Alleux,* le camp de la *Côte-de-Chair,* au sommet de la montagne des Tunnels, et celui de *Chora,* près de Saint-Moré. Les uns, comme ce dernier, étaient constitués par des maçonneries importantes qui attestent leur destination de fortification permanente ; les autres, sous la forme de simples retranchements, étaient formés par une levée en terre ou en pierre, de 2 à 4 mètres de hauteur, pourvue d'une ou de plusieurs entrées. On choisissait, naturellement, les sommets protégés par des escarpements sur deux côtés, de façon à n'avoir qu'une seule levée à construire du côté accessible. Ces levées étaient couronnées ou par une palissade en bois, ou par un clayonnage (vallum), ou par une haie vive, ou même par un mur à sec formant parapet ; un fossé était ordinairement creusé au pied du talus extérieur.

Les camps permanents renfermaient des habitations fixes et même des tours ou fortins, ainsi que le témoignent les débris trouvés dans leur enceinte ; à Chora, on a trouvé des fragments de poterie noire et des tuiles à rebords, des fers de flèche, des sépultures et même les fondations d'un bâtiment que l'on suppose avoir été la demeure d'un chef militaire.

(1) Bulliot, *Système défensif des Romains dans le pays Eduen.*

Le camp de Chora avait une superficie de 21 hectares et pouvait contenir une légion ou dix cohortes, c'est-à-dire environ cinq mille hommes (1).

Les seconds campements, créés pour répondre à des exigences momentanées, n'ont contenu que des tentes ou baraques provisoires. C'est dans cette catégorie qu'on peut ranger les camps retranchés de la *Côte de Chair* et des *Alleux*.

Si tous ces ouvrages eussent été épars, sans rapports entre eux ou avec les voies romaines, leur origine pourrait paraître douteuse ; mais leur distribution régulière en échelons, le long d'une voie importante, est l'indice d'un système étendu de défense ; les médailles, les armes, les poteries trouvées dans plusieurs enceintes similaires (2) assignent à ces travaux une commune origine. Il semble donc qu'ils ne doivent pas être considérés comme de simples accidents de défense locale, mais comme le produit raisonné d'une civilisation avancée telle que la civilisation romaine.

Suivant d'autres archéologues (3), les Romains n'établissaient leurs camps que dans les plaines et à proximité des cours d'eau et des fourrages ; les camps construits sur les hauteurs, sous la forme d'éperons barrés, seraient des *camps antiques,* plus nombreux et plus anciens que les camps romains ; on en trouverait partout si l'on voulait bien chercher,

(1) Baudoin, *Bulletin de l'Yonne*, 1852. — La légion de 5 à 6 mille hommes renfermait 10 cohortes de 6 centuries chacune (Jobard, *Archéologie sur le Terrain*, folio 161).

(2) Bulliot, *Système défensif des Romains.*

(3) Général de la Noë, *Principes de la Fortification antique.*

et dans le seul département de la Côte-d'Or on en compterait plus de 150 (1).

Quoi qu'il en soit, on peut affirmer que le camp des Alleux est antérieur au IIe siècle. S'il est d'origine *antique,* c'est-à-dire gauloise ou celtique, il a pu être cependant utilisé par les Romains et même plus tard par les Francs.

Il avait une superficie d'environ 6 hectares 75 ares et pouvait contenir 1500 à 1700 hommes ; il devait avoir une entrée à chaque extrémité du retranchement. Nous ne pensons pas qu'aucun débris ait jamais été cherché dans son enceinte ; quelques fouilles faites avec discernement permettraient peut-être de déterminer son origine. Avis aux amateurs.

La levée a été détruite en son milieu, sur une longueur d'environ 110 mètres (voir le plan). Ce qui en reste est bien conservé.

Le *pagus Avalensis* fut, pendant trois siècles, soumis au régime militaire des Romains ; ce n'est qu'au IVe siècle qu'un gouvernement civil fut organisé par les conquérants.

Mais, déjà, le christianisme avait pénétré dans les Gaules ; saint Andoche avait été martyrisé à Saulieu, en l'an 180 ; saint Pélerin avait évangélisé Auxerre, vers 258 ; saint Martin parcourait nos contrées, vers 376. Les statues des faux dieux étaient abattues et décapitées, comme au Montmartre ; des églises succédaient aux temples et, bientôt, Avallon devenait le siège d'un archidiaconé dépendant d'Autun, siège

(1) P. Jobard, *Archéologie sur le Terrain.*

suffragant de la province de Lyon (1). Le monde romain se décomposait et allait devenir la proie des barbares.

C'est alors que les Francs, peuplade établie entre le Rhin, le Mein, le Weser et la mer, vinrent, après plusieurs incursions, se fixer définitivement dans le Nord-Est de la Gaule (vers 420), et, avec les éléments gaulois et romains, constituer la nationalité française. Les Burgondes, venus aussi du Nord de la Germanie, passèrent le Rhin vers 405, s'établirent dans l'Est et le Centre, formant ainsi la souche du peuple bourguignon.

(1) Ern. Petit, *Avallon et l'Avallonnais,* folio 127.

§ II

PÉRIODE FÉODALE
JUSQU'A L'INVASION ANGLAISE (418-1328)

Pendant près de cinq siècles, le *pagus Avalensis*, comme le reste de la Bourgogne, fut soumis à de petits rois ou comtes à peine connus. Les documents relatifs à cette période sont fort rares et les faits qu'ils mentionnent tiennent autant de la légende que de l'histoire.

Le chroniqueur Fortunat parle d'un seigneur *Nicaise* qui était comte d'Avallon au commencement du vi⁰ siècle. On sait aussi que vers 714 un évêque d'Auxerre, *Savaric,* s'empara d'Avallon, on ne sait pourquoi, et mourut foudroyé ; que, quelques années plus tard, les sarrazins, venus d'Espagne, après avoir traversé le midi de la France, saccagé Autun et Saulieu, traversèrent l'Avallonnais comme un fléau dévastateur, se signalant par le pillage, le meurtre et l'incendie. Puis vinrent les incursions des Normands, au commencement du x⁰ siècle. Ils prireut Montréal, mais ils furent vaincus à *Chalaud* (925) ; Avallon ne fut pas épargné. Ces entreprises successives décidèrent les Avallonnais à construire une muraille autour de leur ville : telle fut, à n'en pas douter, l'origine de la première fortification.

Hugues Capet, roi de France, donna la Bourgogne en apanage à son fils Henri, qui habita le château d'Avallon et y mourut, dit-on, en 1002. C'est lui qui avait rapporté d'Orient une partie du chef de saint Lazare, dont il fit hommage à la collégiale de Notre-Dame d'Avallon. .

Henri n'ayant pas de postérité, donna, par testament, son duché de Bourgogne à Othe ou Othon-Guillaume, son beau-fils. Mais le roi Robert, autre fils et successeur de Hugues Capet, le revendiqua à main armée.

C'est ici que se place l'épisode légendaire du siège d'Avallon par le roi Robert.

Siège d'Avallon par le roi Robert (1005)

Le roi, qui commandait son armée en personne, attaqua Auxerre, dont il s'empara, puis Avallon, considéré comme une des meilleures forteresses de la province. C'était alors, d'après Robert Gaguin, historien du xvᵉ siècle, une place forte bien défendue, pourvue de vivres et de munitions. Le roi Robert occupa, dit-on, à cette occasion, l'ancien camp des Alleux dont nous avons parlé.

Les assiégés résistèrent vaillamment, pendant trois mois ; on était d'ailleurs à une époque où un simple château-fort pouvait arrêter longtemps une armée. Les habitants furent enfin obligés de se rendre, soit qu'ils eussent été surpris par la famine, soit qu'une brèche eut été pratiquée dans les murailles (1). D'après la légende, Robert-le-Pieux désespérant de prendre Avallon par la force, ne cessait de demander à Dieu de venir à son aide. Un jour, revêtu d'habits sacerdotaux, il fit processionnellement, avec toutes ses troupes, le tour de la ville au chant des hymnes et

____

(1) Ern. Petit, *Avallon et l'Avallonnais.*

des cantiques et les murailles tombèrent d'elles-
mêmes, comme jadis les murs de Jéricho, au son des
trompettes de Josué. Une autre légende raconte que
le roi s'étant dérobé à son camp pour aller vénérer
à Saint-Denis les reliques de saint Hippolyte, les murs
de la forteresse s'écroulèrent en son absence (1).

Quoi qu'il en soit, le roi, exaspéré par la résistance
opiniâtre des Avallonnais, fit pendre une partie des
habitants ; d'autres furent passés au fil de l'épée ou
envoyés en exil.

Quatorze ans après ces tristes événements, Robert
passant à Avallon, retrouvait cette ville plongée dans
la détresse. Il fit distribuer 15 livres d'or à ceux qui
avaient survécu et se chargea de nourrir les habitants,
au nombre de trois cents, qui se trouvaient dans la
misère (2).

Compétitions, Travaux de défense, le Château
(xie et xiie siècles)

L'*Avaliso* avait été disloqué et partagé entre divers
petits seigneurs qui affectaient à l'égard du roi de
France une complète indépendance. Au nombre de
ces seigneurs se trouvaient les sires de Chastellux,
de Pierre-Perthuis et de Montréal.

A cette époque troublée, la variété infinie des
privilèges spéciaux et des législations coutumières
perpétuait entre les districts voisins des antipathies
et des haines profondes (3) ; chacun voulait rester

(1) Hérardot, *Légendes avallonnaises.*
(2) Ern. Petit, *Avallon et l'Avallonnais,* folio 138.
(3) Challe, *Annuaire,* 1858.

maître chez soi ; aucune autorité n'était assez puissante pour éteindre les germes de division.

On devine à quelles rivalités et compétitions étaient exposées les populations tiraillées par des prétentions diverses. Les Avallonnais se résolurent à réparer leurs fortifications si éprouvées par un siège de trois mois et à augmenter leurs moyens de défense.

En 1031, Robert, fils puiné du roi Robert, prétendit obtenir la couronne royale, au détriment de son frère aîné Henri. Les hostilités furent même commencées et Robert venait de s'emparer d'Avallon lorsque son père mourut ; **la Bourgogne lui fut cédée à titre d'hérédité et les seigneurs de l'Avallonnais devinrent ses vassaux.**

Le Château d'Avallon, point culminant de la défense de la ville, existait dès cette époque, comme nous l'avons vu précédemment. En 1146, après la prédication de la deuxième croisade, à Vézelay, le duc Eudes y reçut le roi Louis-le-Jeune, la reine et divers seigneurs d'importance qui décidèrent de partir en Terre-Sainte (1). La salle d'audience du Palais de Justice occupe, dit-on, l'emplacement des anciennes cuisines du Château.

Charte d'affranchissement, Administration communale

(xiiie siècle)

Eudes III, duc de Bourgogne, accorda aux Avallonnais, en 1200, et confirma en 1214, une charte d'affranchissement qui leur permit de s'ériger en commune. Il s'engagea à ne jamais troubler les

(1) Ern. Petit, *Avallon et l'Avallonnais*, folio 144.

habitants dans la jouissance de leurs droits. Cette charte fut encore confirmée en 1220 par le duc Hugues IV. Devenus libres, les Avallonnais s'empressèrent d'organiser la Commune ; ils nommèrent 12 notables, 4 échevins, et 1 syndic pour l'administration des affaires publiques, sous l'autorité du duc de Bourgogne. Après les échevins, les *Receveurs des deniers communs,* les *Vérifieux,* s'occupaient du règlement et du contrôle des dépenses de la ville.

C'est sous ce régime que furent construites ou reconstruites les deux principales portes d'Avallon (1210).

Vicomtes d'Avallon

D'après Girard de Roussillon, Avallon aurait eu des vicomtes dès le IXe siècle.

Les vicomtes avaient des pouvoirs assez peu définis ; ils percevaient des droits d'usage de chasse et de pêche dans les forêts et la rivière d'Avallon et d'autres droits sur la vente des vins. Au XVe siècle, le duc de Bourgogne leur conféra la direction de l'artillerie.

Le plus anciennement connu officiellement fut Nicolas Ier, qui vivait en 1078. Puis vinrent plus tard : Nicolas II, en 1130 ; Jean, son fils, en 1160 ; Hugues de Bercy, en 1209, et d'autres seigneurs assez obscurs.

Ce fief fut ensuite racheté, en 1328, par Jean de Beauvoir, sire de Chastellux ; il lui fut confirmé par le duc Eudes IV, petit-fils de saint Louis (1).

(1) Ern. Petit, *Avallon et l'Avallonnais,* folio 143.

LA GUERRE DE CENT ANS

LES ANGLAIS EN FRANCE

Depuis l'avènement de Philippe VI de Valois (1328) jusqu'au traité de Guillon (1360)

Charles-le-Bel, roi de France, étant décédé en 1328, sans enfant mâle, sa succession, d'après la loi salique, revenait de droit à Philippe VI de Valois, cousin-germain des trois derniers rois. Isabelle, reine d'Angleterre, réclama la couronne pour son fils Edouard III, âgé seulement de seize ans. Les prétentions d'Edouard ne furent pas admises par l'assemblée des barons et la guerre fut résolue. Après différentes péripéties, cette lutte, qui fut longue à s'engager, devait dégénérer en guerre nationale et amener d'effroyables calamités. Edouard envahit la Normandie, s'avança même jusqu'aux portes de Paris et défit le roi à Crécy (1346), grâce aux *bombardes à feu*, employées pour la première fois.

Après une trève de plusieurs années, Jean II le Bon, successeur de Philippe, pour venger son père, déclara à son tour la guerre à Edouard, mais il fut vaincu à Poitiers (1356) et fait prisonnier ; c'est seulement en 1360 que le roi Jean recouvra sa liberté par le traité de Brétigny, qui livrait plusieurs de nos provinces à l'Angleterre. Le dauphin, épouvanté des sacrifices consentis par son père, fit rejeter par une assemblée les conditions de ce traité.

Nous rappelons succinctement ces faits généraux de l'histoire de France pour faire connaître les causes de l'apparition des Anglais dans nos pays.

Les Anglais, s'appuyant donc sur les clauses du traité de Brétigny, parcoururent la France pour prendre possession des provinces qui leur avaient été concédées et, bien qu'ils n'eussent aucun droit sur la Bourgogne, ils dévastèrent Auxerre, Saulieu et d'autres places fortes.

La plupart des seigneurs de la province s'organisèrent alors pour résister aux Anglais. Il y eut, à cette occasion, à Avallon, en 1358, une grande revue à laquelle prirent part 700 gentilhommes qui s'engagèrent à mettre les châteaux et forteresses en état de défense ; Lormes, Bazoches, Pierre-Perthuis, Chastellux, Avallon, rivalisèrent d'ardeur. On installa pour la première fois sur les remparts d'Avallon de petits canons appelés *coillards* dont l'usage était encore peu répandu. Mais rien n'indique que les Avallonnais en aient fait usage contre les Anglais, ni que ceux-ci se soient emparé de leur ville. Nous aimons mieux croire que leur attitude résolue suffit à éloigner les envahisseurs.

Un peu plus tard, en 1360, l'ennemi, conduit par Edouard III en personne, reparut à Tonnerre, Noyers, Montréal et prit Guillon. Les pays voisins furent frappés de réquisitions : Foissy, Tharoiseau, Saint-Léger furent pillés et incendiés ; la ville d'Avallon, énergiquement défendue par ses habitants aidés de la garnison et du châtelain, était réduite à la misère.

La reine engagea alors son fils, Philippe de Rouvres, duc de Bourgogne, à faire avec les Anglais une trève séparée et le traité de Guillon fut signé cette même année 1360.

Cette trève, trop onéreuse pour les vaincus, fut mal observée par les deux partis ; quand Philippe de Rouvres mourut, la dette contractée par les seigneurs de Bourgogne n'était pas encore payée.

Les Grandes Compagnies (1360-1400)

Edouard, conformément au traité, donna l'ordre d'évacuer les forteresses conquises en Bourgogne ; les chefs se dispersèrent, après avoir licencié les compagnies qu'ils avaient prises à leur solde. Mais les gens à gages qui les composaient se donnèrent de nouveaux chefs et se livrèrent, pour leur propre compte, à une guerre de pillage plus terrible que la première. Il y avait dans ces *Grandes Compagnies* des Bretons, des Gascons, des Lorrains et des Allemands recrutés précédemment par les Anglais. Les Bretons, les plus redoutés de tous, s'établirent à Arcy d'où ils rançonnaient toute la contrée ; les autres firent des entreprises sur Saulieu, Semur, Avallon et Pierre-Perthuis ; chassés d'un côté, ils reparaissaient d'un autre ; plusieurs seigneurs périrent en leur donnant la chasse ; Avallon était constamment en alerte et put apprécier les avantages d'une ville fermée.

En 1367, on se saisit de neuf de ces pillards qui avaient pénétré par surprise dans le château ; ils furent exécutés en grand appareil.

Il était presque impossible de se préserver de ces invasions continuelles qui s'effectuaient simultanément sur plusieurs points ; pour comble de malheur, on était forcé de pactiser avec les chefs de ces bandits et on leur faisait bon accueil, pour obtenir leurs bonnes grâces et éviter de plus grands dommages.

Les exactions portaient sur la province entière, qui dut s'imposer de lourds sacrifices pour subvenir aux frais de la guerre. Avallon contribua pour 500 florins ; les retrayants furent également mis à contribution. En 1378, ceux d'Annay refusèrent l'impôt et tuèrent même le receveur ; quinze habitants furent condamnés, pour ce crime, à être pendus (1).

On s'occupait activement de la réparation des châteaux et places fortes. En cette même année 1378, Jean de Lyénas, seigneur de Grandchamps, fut chargé de visiter les travaux faits aux fortifications d'Avallon.

En 1380, la peste vint joindre ses ravages à ceux de la guerre ; la population se réduisit à un chiffre qu'elle n'avait pas encore connu, « *pour ce que la plus grande partie des gens de la ville s'en sont allés demeurer ors pour cause des guerres et des unglois* (2). Il n'y avait plus que 103 feux, soit environ 515 habitants ».

Cette période calamiteuse, qui dura jusqu'à la fin du siècle, fut signalée par des méfaits de tous genres. La désorganisation était partout ; la répression était devenue impossible ; souvent même les habitants, ruinés et démoralisés par une guerre interminable, se joignaient aux routiers et vivaient de leurs rapines.

____

(1) Ern. Petit, *Avallon et l'Avallonnais,* page 181.
(2) Ern. Petit, *Avallon et l'Avallonnais,* pages 163 et 480.

Nous devons mentionner, comme diversion à ces calamités, la réception pompeuse que les Avallonnais firent au duc de Nevers en 1387. Suivant l'usage d'une généreuse hospitalité, le duc et ses gens furent défrayés par la ville de toutes leurs dépenses.

M. E. Petit, dans son ouvrage *Avallon et l'Avallonnais,* donne des détails curieux sur les mœurs souvent dépravées des populations au XIVᵉ siècle. Ils ont été extraits par lui, aux archives de Dijon, des comptes du bailliage de l'Auxois et des Châtellenies d'Avallon, de Montréal, de Pierre-Perthuis, etc. Nous nous sommes contenté de citer les faits d'ordre général.

§ IV

AVALLON AU XVe SIÈCLE

Les archives d'Avallon ne remontent pas au-delà de 1404, mais à partir de cette date, à part quelques lacunes regrettables, les comptes des receveurs enregistrent, année par année, tous les faits concernant l'administration et la défense de la ville. Nous y trouverons des détails intéressants sur les événements locaux.

Il n'est pas inutile, pour apprécier le rôle des Avallonnais dans les guerres de l'époque, de rappeler les faits historiques concernant la Bourgogne pendant la durée du xve siècle.

Bourguignons et Armagnacs (1404-1432)

Jean-sans-Peur, duc de Bourgogne, jaloux de l'autorité que prenait le dauphin d'Orléans à la cour de Charles VI, son père, le fit assassiner en 1407. Après une réconciliation apparente, l'inimitié qui exista dès lors entre les deux familles fit rechercher à chacun d'eux l'alliance de l'Angleterre, encore maîtresse de plusieurs de nos provinces. Cette inimitié ne fit que s'accroître, lorsque le second fils de Charles VI, qui devait succéder à son père sous le nom de Charles VII, vengea la mort du duc d'Orléans en faisant lui-même assassiner le duc Jean-sans-Peur sur le pont de Montereau (1419).

Dès l'année 1407, deux partis se trouvaient en présence : d'un côté, les partisans des Orléans, ayant à leur tête le comte d'Armagnac ; d'un autre côté, le duc Jean-sans-Peur, disposé à favoriser les projets du roi d'Angleterre : Bourguignons contre Armagnacs.

Les deux partis, excités par des ambitions rivales, ne tardèrent pas à engager la lutte ; le nouveau duc Philippe se jeta avec ardeur dans le parti des Anglais ; les seigneurs de l'Avallonnais et de l'Auxois prirent naturellement parti pour leur suzerain et Avallon, comme ville frontière, eut à soutenir les premiers chocs.

La fortification de la ville comportait, au commencement du xv⁰ siècle :

Une enceinte continue plus ou moins endommagée par les Grandes Compagnies.

Trois portes défendues chacune par une tour *isolée* et un pont-levis.

Une autre tour *isolée* au coin de Beurdelaine.

En prévision de luttes imminentes, on se hâta de réparer ces ouvrages ; la grosse tour ronde, dite *Bastille*, défendant la Grand'Porte, fut même entièrement reconstruite (1), mais aucune tour n'existait aux angles des courtines ; on refit en pierre de taille le couronnement des murs, en y pratiquant des créneaux et des meurtrières.

On payait une somme à Guillaume Bruley « *pour sa peine de faire deux colevrines en la porte Maulvot qui y faillaient, et mettre à point la porte de Malvoischien* » (1).

A Pierre Poulet on payait 43 fr. « *pour*

____

(1) Archives de la Ville, CC 81.

redrecier un pan de mur qui estoit choit et pour boucher et estouper quatre grans pertuis » (1), 39 fr. et demi.

Guillaume de Billy était institué « *cappitain d'Avalon aux gages de 10 fr. par mois quand il fonctionnera* » (1). Il était chargé de pourvoir à la garde de la ville.

En 1408, on payait des maçons pour murer à sec la porte Maulvot « *qui estoit toute desbouchée pour les menaces qui avoient été faictes à la ville par aucuns ses malvueillans* » (2).

On payait à Guy de Bar, seigneur de Presle, «*pour ses gaige et salaire d'un mois entier desservis à garder la ville et forteresse d'Avalon, lui quatrième à cheval, pour cause des gens d'armes qui lors estoyent sur le pays* », 25 fr. (2).

On faisait le guet sur le clocher de Saint-Lazare (2).

On reédifiait la charpente de la tour de Beurdelaine abattue par une tempête (2).

En 1411, on fit venir de Dijon une grosse bombarde traînée par 12 chevaux, l'ennemi ayant essayé de surprendre la ville pendant les réparations. Elle fut mise dans la Bastille après qu'on y eut pratiqué des meurtrières.

En 1415, Jean-sans-Peur, accompagné de 53 seigneurs, vint lui-même inspecter les fortifications. Il fut reçu en grande pompe avec sa suite aux frais des habitants, comme de coutume. Un don lui fut

(1) Archives de la Ville, CC 81.
(2) Archives de la Ville, CC 82.

même offert, qui coûta 250 fr. à la ville (1), soit environ huit mille francs à la valeur actuelle de notre monnaie. Mais trois ans plus tard, la duchesse, en l'absence de son mari, fut obligée d'allouer 15 livres au receveur d'Avallon, les revenus étant « *moult diminués à l'occasion des gens d'armes* » (2).

A la suite de cette visite, on fit mettre en place deux bombardes et un canon de la ville, réparer les murailles et «*murir*» la porte Auxerroise, par crainte de surprise (3). Le bailliage fut installé à l'hôtel ducal, en face l'église collégiale.

Après l'assassinat de Jean-sans-Peur, son fils Philippe-le-Bon, de concert avec le roi d'Angleterre, réussit à faire accepter par le roi Charles VI le traité de Troyes (1420) qui excluait le dauphin Charles de la couronne de France, pour la donner au roi d'Angleterre. Mais ce traité humiliant, conclu par un roi dément, ne reçut qu'un commencement d'exécution, par suite de la mort des deux contractants.

A l'avènement de Charles VII (1422), les Anglais possédaient les deux tiers de la France. Ils combattirent avec succès les troupes royales à Cravant, aidés par les Bourguignons commandés par le sire de Chastellux (1423). La situation semblait désespérée pour le roi Charles qu'on appelait par dérision le roi de Bourges.

Les premières années de son règne furent remplies par une foule de petits faits d'armes peu décisifs

(1) Archives de la Ville, CC 83.
(2) Ern. Petit, *Avallon et l'Avallonnais*, folio 193.
(3) Archives de la Ville, CC 83.

mais qui expliquent cependant les alarmes des populations appelées à tous moments à prendre parti pour l'un ou l'autre des belligérants.

En 1427, Mailly-le-Château fut pris par les Armagnacs ; le maréchal de Bourgogne et le sire de Chastellux délivrèrent cette place, firent abattre ses fortifications par des ouvriers avallonnais (1) et poursuivirent l'ennemi jusqu'à Entrains.

Voutenay fut également libéré.

En 1428, les troupes royales essayèrent de surprendre Avallon mais elles échouèrent dans cette tentative et se contentèrent de saccager les environs, notamment les faubourgs (2). En 1430, les comptes portent cette mention : « *Les Armignas ont occupé l'Auxois et l'Avallonnais, dont ils ont fait une solitude* ».

C'est à la suite de ces tentatives que la grosse tour ou Bastille, sérieusement endommagée par les troupes royales, fut démolie pour être reconstruite. On payait en effet, en 1428, à Jehan Lubin, charpentier, « *pour une eschiffe en bois construite sur le pan de mur fait de nouveaul la où estoit la grant tour ronde près de la Grand'Porte, 10 fr.* »

On sait que l'eschiffe était une construction provisoire destinée à protéger temporairement un point exposé des fortifications.

En même temps, on refaisait à neuf « *l'eschaffaut qui était sur la tour de la Vicomté* », on exhaussait les murailles et on observait les alentours (2). Les comptes relatent encore diverses sommes payées :

_____

(1) Archives de la Ville, CC 84.
(2) Archives de la Ville, CC 85.

« *A deux femmes qui furent veoir en Plausse des-couvrir pour ce que l'on disait que les Armignas y estoient.* »

« *Aux gens de Perrenot qui furent courre après la garnison de Noyers cuidans que ce fussent Armi-gnas.* »

« *A des messagers, à divers, qui faisaient le guet hors de la ville.* »

Ces citations peignent bien l'angoisse de la population et la crainte d'une attaque prochaine par les troupes royales.

On savait que le capitaine Jacques d'Espailly, surnommé Fort-Epice, guerroyait près de Chatillon et menaçait la Bourgogne. Il résolut de surprendre Avallon.

Surprise (1432) et siège d'Avallon (1433)
sous Philippe-le-Bon

Il existe, malheureusement, dans les archives d'Avallon, de 1429 à 1435, une lacune qui nous prive de détails sur l'épisode militaire le plus important du xvᵉ siècle : la prise d'Avallon par Jacques d'Espailly, dit Fort-Epice, et le siège fait par le duc de Bourgogne Philippe-le-Bon pour la reprendre. Mais les chroniqueurs Enguerrand de Monstrelet, Lefebvre de Saint-Remy, dom Plancher, nous en ont donné des relations circonstanciées (1) que nous résumons, en les complétant par des renseignements recueillis, par M. Ern. Petit, dans les archives de Bourgogne.

(1) Challe, *Annuaire de l'Yonne,* année 1858.

L'année 1432 vit renouveler et augmenter les craintes de la population avallonnaise : les portes étaient constamment fermées et les habitants ne s'éloignaient guère de la ville.

Fort-Epice était un de ces hardis aventuriers qui, s'étant signalés par leur audace et leur activité, se faisaient suivre d'une troupe de vagabonds aguerris, gens de sac et de corde, qui s'enrôlaient sous la bannière du plus offrant, faisant au besoin, pour leur compte, une guerre de pillage et de dévastation. Cette bande était la terreur du pays.

Les Avallonnais furent prévenus, par Germain Trouvé, procureur du duc, de l'approche du redouté capitaine qui prétendait agir au nom du roi.

Trouvé écrit de Vézelay à ses concitoyens, à la date du 23 mai 1432, une lettre curieuse annonçant une attaque imminente (1).

« *Très chers et espéciaux amis, je me recommande à vous et vous plaise savoir que je suis aujourd'hui passé par la montagne de Thoisy et ay parlé à Monseigneur de Ternant, lequel m'a dit qu'il a eu certaine nouvelle que Fort-Epice est sur les champs et a bien en sa compagnie 300 chevaux, lequel a entrepris sur vous ou sur Montréal, et fera un très gros coup et bien brief. Si veuillez faire tel devoir au guet et à la garde, que aucun inconvénient n'en aviegne. Et le mandez incontinent à Montréal, soit jour, soit nuict.* »

Les Avallonnais se tinrent en éveil, si bien que l'attaque fut ajournée.

Mais au mois de décembre suivant (2), le mardi

(1) Archives de la Ville, EE 26.
(2) Ern. Petit, *Avallon et l'Avallonnais*, folio 212.

avant Noël, au moment où les Avallonnais, confiants dans la force de leurs murailles et dans la vigilance du guet, se croyaient bien gardés, Fort-Epice s'élançait audacieusement dans la ville. Ce coup de main fut si rapidement conduit que la garnison eut à peine le temps de songer à la résistance et qu'il n'y eut qu'un petit nombre de victimes. Mais les habitants perdirent tous leurs biens « *sans en sauver aucungs, ançois furent tous pillés et butinés* » (1).

L'importance de cet événement était considérable ; aussi eut-il un grand retentissement, Avallon étant considéré comme un des remparts de la Bourgogne.

Le danger devenait assez pressant pour que les Etats, qui étaient alors réunis à Dijon, crussent devoir adresser à leur duc les plus vives sollicitations de venir les défendre. Il fallait à tout prix reprendre Avallon d'où Fort-Epice menaçait l'Auxois et toute la Bourgogne.

Le duc Philippe-le-Bon, malgré les graves embarras qui le retenaient en Flandre, résolut, dit Monstrelet, « *d'assembler tous les gens de guerre de Brabant, de Flandre, d'Artois, de Hainaut et autres marches à lui appartenant* ». Ces troupes, munies d'une puissante artillerie, se mirent en route, faisant un grand détour par la Champagne, pour éviter la rencontre du principal corps de l'armée française. Le duc, outre cette artillerie, fit amener de Dijon la grosse et fameuse bombarde de Bourgogne qui lançait des boulets de pierre de huit à neuf cents livres. On peut juger à la fois du poids de ce mortier monstre et de l'état des voies de communication par ce fait,

(1) Ern. Petit, *Annuaire de l'Yonne*, 1863, folio 227.

constaté par les trésoriers du duc, qu'il en coûta pour l'amener de Dijon à Avallon la somme de 353 livres qui, au pouvoir actuel de l'argent, équivaudrait à plus de 10.000 fr. de notre monnaie.

On était au mois de septembre 1433, quand le siège commença. La ville, qui, depuis, s'est beaucoup agrandie du côté du Nord, formait alors, comme nous l'avons vu, un triangle irrégulier dont les deux plus grands côtés, assis sur la crête des profonds ravins des Cousins, étaient à peu près inattaquables. La main de l'homme a, depuis cette époque, brisé des rochers, rapporté des terres, nivelé des plateformes, planté des promenades et créé des jardins qui ont substitué un aspect riant et varié à la physionomie naturellement abrupte de ces formidables fossés dont la nature avait fait les frais. Le troisième côté, celui du Nord, s'offrait seul aux assaillants. Il n'avait guère plus de trois cents mètres de large et se prolongeait depuis la tour Beurdelaine jusqu'à la porte Auxerroise ; il était défendu par de hauts remparts flanqués de trois tours et par deux portes fortifiées (1).

Le duc aurait bien voulu éviter la fâcheuse extrémité de détruire ces fortifications par un siège en règle. Il entama à ce sujet, dès le mois de septembre, par l'intermédiaire de ses capitaines, des négociations avec Fort-Epice. Celui-ci demandait à sortir de la place avec armes et bagages, pour se retirer où il voudrait. Le duc exigeait une forte rançon pour réparer les fortifications et la reddition de plusieurs places fortes. Les négociations furent rompues.

Le duc se résolut à donner l'assaut. Le 10 octobre,

(1) Challe, *Annuaire de l'Yonne,* 1858, folio 158.

la fameuse bombarde de Bourgogne arrivait à Avallon ; quatre jours après, elle était équipée et mise en place. Des échelles pour l'escalade avaient été demandées à Montréal et à Châtel-Gérard. Le 15 octobre, le duc venait de Flavigny à Montréal ; le 16, il arrivait à Avallon et faisait aussitôt investir la place et ouvrir le feu (1).

Une brèche fut bientôt ouverte dans les remparts et les assaillants s'y précipitèrent avec ardeur mais en désordre. La garnison, forte de plusieurs centaines d'hommes habitués aux dangers et aux combats, « *fleurs de gens d'armes, roides et bien instruits à la guerre* », dit Monstrelet, résista vaillamment. Le carnage fut affreux de part et d'autre, mais surtout du côté des assaillants qui durent se replier.

Après un échec aussi sanglant, le duc entra dans une violente colère et expédia le jour même, en toute hâte, des émissaires, dans diverses directions, pour donner ordre à plusieurs chevaliers de venir le rejoindre. En même temps, on manda les arbalétiers de Cuisery (2) qui avaient une grande réputation d'adresse (3).

La nuit venue, les assiégés reconnurent qu'une plus longue résistance était impossible. Ils tentèrent de s'échapper de la place à la faveur des ténèbres. A cet effet, ils rouvrirent la petite Porte qui avait été murée et, s'étant glissés en silence dans le fond du ravin, ils se disposaient à traverser le Cousin pour gagner les bois qui, de ce côté, descen-

---

(1) Ern. Petit, *Annuaire de l'Yonne*, 1863, folio 232.
(2) Bourgade de la province de Bourgogne.
(3) Ern. Petit, *Avallon et l'Avallonnais*, folio 220.

dent encore aujourd'hui jusqu'au bord de la rivière. Mais la place était entièrement cernée par les troupes du duc qui l'enserraient comme dans un cercle de fer. L'alarme fut donnée et, de toutes parts, on accourut pour fermer le passage aux assiégés. Cette mêlée de nuit fut des plus meurtrières. Vaincus par une force supérieure, les assiégés furent refoulés dans la place ; les assiégeants y entrèrent après eux et la ville fut prise.

« *Et là y eut,* dit saint Remy, *une grande mortalité, tant d'un côté comme de l'autre ; et en eschappa trente ou environ de ceulx du dedans, et le surplus, par force d'armes, furent reboutés dedans la ville et ceux de l'ost avec eulx ; et mesme par les murailles tant abattues que droictes, et par force d'assault prinrent la ville et mirent tout à sacquement.* »

On prit dans la ville 400 chevaux et 200 prisonniers (y compris la femme de Fort-Epice) qu'on ne libéra qu'à la condition de rendre au duché les places fortes de Mailly-le-Château, Mailly-la-Ville et Saint-Vérain.

Le châtelain d'Avallon, Jean de Bourges, accusé d'avoir eu des intelligences secrètes avec les ennemis, pendant l'occupation de la ville par Fort-Epice, fut saisi, garrotté, jeté dans la prison du Châtelet à Châlon et dégradé de ses titres (1).

Les Avallonnais, délivrés, conservèrent toutefois une crainte salutaire de cet intrépide adversaire qui s'était si vaillamment défendu. On observait tous ses mouvements et son nom reparaît souvent dans les comptes de la ville.

(1) Ern. Petit, *Avallon et l'Avallonnais,* folio 215.

En 1434, il tente un coup de main sur Montréal et sur Noyers (1).

En 1435, il surprend Coulanges-la-Vineuse où il se maintient près d'un an (2).

En 1437, M. de Sée est envoyé en garnison à Mailly-la-Ville contre Fort-Epice, qui est à Mailly-le-Château (3).

En 1438, François Audebert va à Mailly-la-Ville savoir des nouvelles du « *nepveur Fortespice qui cuida prendre Toussy* » (4).

Après avoir reconquis sa ville frontière, le duc de Bourgogne ne quitta Avallon que le 31 octobre 1433 pour aller reprendre Pierre-Perthuis ; il campa à Vézelay où il signa à Cl. de Beauvoir, sire de Chastellux et vicomte d'Avallon, son chambellan, l'autorisation de réparer les murailles de la ville, sérieusement endommagées par le siège, ainsi que l'hôtel de la vicomté ; il accorda, à cet effet, des lettres d'octroi, pour huit années, de l'impôt du huitième du vin vendu et de cinq deniers sur chaque bichet de blé (5). Il abolit les droits sur les marchands étrangers afin de ramener le commerce dans la ville, tellement éprouvée, depuis 50 ans, que sa population avait diminué de moitié.

Avant de réparer les remparts en partie démolis par le siège, on dut, dès l'année suivante, établir d'urgence une clôture provisoire au moyen de

(1) Ern. Petit, *Avallon et l'Avallonnais,* folio 223.
(2) Challe, *Annuaire de l'Yonne,* 1858, folio 163.
(3) Arch. de la Ville, CC 87.
(4) Arch. de la Ville, CC 88.
(5) Arch. de la Ville, CC 38 (1433, 1439, 1442).

picux et d'épines (1) ; quelques années plus tard, on construisait près de la petite porte des fausses brayes destinées à garantir de la sape les murailles de l'Est et à augmenter le front de défense.

Or, l'insuffisance des fortifications était notoire ; il fallait non seulement relever les murailles démolies, mais pourvoir en même temps à la construction de nouvelles tours plus rapprochées les unes des autres, creuser ou approfondir les fossés au pied des courtines du nord, afin d'en empêcher l'accès, augmenter la défense des portes par des ouvrages accessoires, en garantir les abords par des boulevards, y installer de l'artillerie, etc. C'était pour la ville une lourde charge en perspective et il fallait du temps pour exécuter ce programme qui s'imposait.

Les Avallonnais n'étaient pas arrivés au terme de leurs épreuves. Si l'alliance anglo-bourguignonne fut terrible pour la France, la vengeance qui en était la cause fut cruellement expiée dans notre pays, la frontière ouest de la province ayant été pendant de longues années le théâtre de la guerre. A aucune époque notre contrée n'eut à subir d'aussi calamiteuses vicissitudes.

Les Ecorcheurs dans l'Avallonnais (1438-1444)

La lutte entre les Bourguignons et les Armagnacs avait épuisé les populations ; les campagnes, surtout, réclamaient la paix. Le traité d'Arras, signé en 1435 entre Charles VII et Philippe-le-Bon, vint mettre le

____

(1) Arch. de la Ville, EE 3.

comble à leurs vœux ; il ne devait plus rester désormais sur le territoire français ou bourguignon qu'un ennemi commun : l'Anglais, que les deux contractants voulaient loyalement expulser du territoire.

Malheureusement, plusieurs aventuriers, auxquels se joignirent d'obscurs petits seigneurs ruinés par la guerre, refusèrent de désarmer et renouvelèrent les exploits des *Grandes Compagnies,* sous le nom odieux d'*Ecorcheurs* qui leur fut donné par le peuple. Un certain nombre d'entre eux, que Jeanne d'Arc avait arrachés à une vie honteuse de pillage et d'aventures, s'y replongèrent de nouveau, après la mort de cette héroïne et entreprirent une guerre sans drapeau, dont le brigandage était le seul but.

De ce nombre était Robert Floquet, bailly d'Evreux, un des plus renommés capitaines de Charles VII, et aussi le fameux Fort-Epice, de sinistre mémoire. En 1438, Floquet vint occuper l'Avallonnais avec plus de mille chevaux. Cette petite armée s'installa à Pontaubert et au Vault où elle séjourna, dans l'espoir de surprendre Avallon qui dut souvent négocier avec elle. Les comptes de 1438 font en effet mention d'un impôt levé en vertu de la composition faite avec le capitaine Floquet, « *lequel estoit lors loigiez à Pontaubert et au Vaul à grosse compaignie de gens d'armes et lors ransonna les blefs estant aux champs* » (1).

A plusieurs reprises, on lui envoya des provisions d'avoine, de pain et de vin. La même année, on payait 18 gros, 2 bichets d'avoine et quatre symarres

(1) Archives de la Ville, CC 88.

ou syonaises (1) de vin au bâtard de la Trémouille, neveu du seigneur de Corcel-lès-Semur, qui s'était joint aux Ecorcheurs pour dévaliser ses compatriotes (2). En 1440, on payait 26 gros pour un présent à Miles de Bourbon (3).

Pendant ce temps (1438), toujours suivant les comptes, la ville se tenait sur ses gardes ; on terminait le grand fossé, on réparait les remparts, on murait la petite porte « *pour le doubte des Escorcheurs* », on faisait des « *plombées* » pour les couleuvrines ; on envoyait des émissaires la nuit « *dehors* » écouter si les Ecorcheurs venaient ; on construisait des « *taudis* » contre les murs et on « *arrondissait des pierres pour canons* » (4).

On ne pourrait croire à la réalité des crimes commis en Bourgogne par les Grandes Compagnies s'ils n'étaient attestés par des documents authentiques ; nous citerons quelques exemples, en omettant ceux qui ne peuvent être présentés d'une façon acceptable pour le lecteur.

Jean Broichard fut pris dans son château de l'Autunois, attaché les bras derrière le dos, les jambes liées et couché brutalement par terre ; les Ecorcheurs « *lui saultèrent des piés et des mains sur la poitrine tellement qu'il mourut tantost après* » (5).

Les gens de la compagnie du capitaine Robinet prirent deux femmes, les attachèrent à un poteau,

---

(1) Mesure locale.
(2) Archives de la Ville, CC 88.
(3) Arch. de la Ville, CC 90.
(4) Arch. de la Ville, CC 88.
(5) Ern. Petit, *Avallon et l'Avallonnais,* folio 230 et suivants

au milieu d'une chambre, couchèrent un enfant sur un faix de paille et mirent le feu à la maison (1).

Un prisonnier fut pendu par les pieds et frappé avec un maillet jusqu'à ce qu'il eut promis une rançon de deux saluts d'or.

On attacha une botte de paille sur le dos d'un autre prisonnier, on y mit le feu, puis on le força à courir.

D'autres victimes étaient liées à des échelles ou bien on les faisait rôtir impitoyablement jusqu'à paiement d'une rançon.

Un écuyer du Charolais, dont on célébrait les noces, fut enlevé, ainsi que quarante jeunes gens, et mis complètement à nu.

D'autres exemples analogues sont reproduits dans les comptes des châtellenies de Bourgogne.

Tous ces faits, d'une brutalité révoltante, étaient racontés et amplifiés et l'on conçoit quelle terreur inspirait le seul nom d'Ecorcheur. A cet égard, la lecture des comptes de la ville est tout à fait suggestive, surtout de 1438 à 1450. Cette frayeur détermina les Avallonnais à hâter l'exécution du programme projeté pour l'achèvement des fortifications. Ils édictèrent en même temps un règlement destiné à assurer le service de la défense (2).

Sur la nouvelle des brigandages commis dans son duché par *les Français,* le duc se plaignit au roi pour lui reprocher l'inexécution du traité d'Arras. Alors Charles VII envoya (1438) à tous les chefs de Compagnie qui parcouraient la Bourgogne l'ordre de quitter

(1) Ern. Petit, *Avallon et l'Avallonnais,* folio 230 et suivants.
(2) Voir première partie, *Guet et Garde.*

le pays (1). Pour joindre l'exemple aux menaces, le bâtard de Bourbon fut cousu dans un sac et jeté à la rivière, à Bar-sur-Seine.

Malgré l'ordonnance, les Ecorcheurs continuèrent à vivre sur le pays ; le gouverneur de la province dut convoquer plusieurs seigneurs afin de leur résister ; les Etats de Bourgogne votèrent même une aide de 3.000 livres, pour subvenir aux frais de l'armement. On fit rembourser à la ville d'Avallon, sur cette contribution, une somme de 36 livres « *pour le reboutement des Escorcheurs* » (2).

Mais la plupart des vassaux du duc, dans la crainte d'être rançonnés par les Ecorcheurs, préférèrent temporiser et traiter directement avec eux. De ce nombre fut le maréchal de Chastellux (3).

Philibert de Jaucourt, seigneur de Villarnoult et de Marrault, s'efforça, au contraire, de les combattre. Sur la prière des Avallonnais, il avait été en Flandre, vers le duc, pour demander son assistance. A son retour, les Avallonnais, pour fêter sa bienvenue, lui offrirent un saumon (4).

Jehan de Rochefort, maître de l'artillerie du duc, arriva, en effet, à Avallon, en 1442, pour « *chevaucher les Escorcheurs* » (4) qui étaient venus jusqu'à Montréal. Les Avallonnais se joignirent à lui et dépensèrent de grosses sommes pour la construction du boulevard qui devait défendre la grande porte contre ces bandits. Les couleuvrines de la ville fonc-

(1) Ern. Petit, *Avallon et l'Avallonnais*, folio 233.
(2) Arch. de la Ville, CC 89.
(3) Ern. Petit, *Avallon et l'Avallonnais*, folio 112.
(4) Arch. de la Ville, CC 91.

tionnèrent sans désemparer et l'une d'elles, disent les comptes, « *se rompit en gectant contre les Escorcheurs* » (1). Le seigneur de Beaumont, maréchal de Bourgogne, était venu lui-même camper à Annay, sur une éminence, d'où il pouvait observer la marche des Ecorcheurs ; il poursuivit les uns jusqu'à Vézelay et refoula les autres dans la direction de Saulieu (2). La peste étant survenue, ils quittèrent la région.

L'année 1443 se passa assez tranquillement ; mais l'année suivante, l'armée du Dauphin (plus tard Louis XI), de retour du Languedoc, vint passer en Bourgogne et camper à Epoisses. Le maréchal de Bourgogne réunit ses troupes à Semur et « *par la diligence et vaillance du dit maréchal et d'aucuns autres seigneurs de sa compagnie, furent iceux François tournés à déconfiture et y eut grand nombre que morts que pris* » (3).

Tous ces capitaines furent enfin appelés à prendre part aux campagnes de Suisse et de Lorraine et débarrassèrent la Bourgogne de leurs troupes indisciplinées.

L'impuissance des milices féodales recrutées dans tous les milieux, la difficulté d'imposer l'obéissance à des bandits vivant de la guerre, décidèrent enfin Charles VII à créer des armées permanentes : ce fut la meilleure institution de son règne ; elle devait être adoptée plus tard par les autres puissances de l'Europe.

(1) Arch. de la Ville, CC 92.
(2) Ern. Petit, *Avallon et l'Avallonnais,* folio 239
(3) Ern. Petit, *Avallon et l'Avallonnais,* folio 123.

Achèvement des fortifications, jusqu'à Louis XI
(1444-1477)

Les calamités suscitées par la lutte entre les Bourguignons et les Armagnacs furent accompagnées ou suivies d'autres fléaux aussi redoutables : la famine et la peste, qui contribuèrent, autant que la guerre, à dépeupler le pays.

Il faut convenir que les populations furent alors soumises à de terribles épreuves et qu'elles avaient des raisons pour aspirer à la paix. Mais l'habitude d'une vie errante et d'une guerre de pillards avait dépravé les mœurs de la soldatesque. Il était difficile de lui faire accepter sans lutte une existence laborieuse et paisible ; elle avait des haines à assouvir et des instincts à satisfaire.

Survint, cependant, une ère de transition, pendant laquelle notre ville, non seulement se maintint sur la défensive, mais travailla à compléter sa fortification par crainte de nouvelles surprises. Aussi la voyons-nous dans la seconde moitié du quinzième siècle reconstruire certaines tours rondes qui menaçaient ruine, flanquer les courtines de nouvelles tours demi-rondes ou carrées permettant de protéger partout le pied des murailles, construire la tour du guet (tour d'horloge), adjoindre des pont-levis et des mâchicoulis aux trois portes, entreprendre ou approfondir des fossés, élever des barrières, des eschifs, des boulevards et autres ouvrages capables d'assurer la sécurité de la ville. (Voir la légende du plan ancien.)

Au fur et à mesure qu'on construisait ces ouvrages, on procédait à leur armement : on achetait des arbalètes, des traits à virole et même des frondes, des couleuvrines (1), des serpentines (2) ; on fabriquait de la poudre de guerre, on façonnait des boulets de pierre, de fonte ou de plomb. (Voir, dans la première partie, le chapitre concernant l'armement.)

Il est permis d'admirer cette population fière, active et laborieuse, voulant par sa seule initiative sauvegarder son indépendance et sa sécurité, ne reculant devant aucun sacrifice pour l'exécution d'une œuvre que nous n'oserions certes pas tenter aujourd'hui sans le concours du Dieu-Etat tutélaire.

De Louis XI aux Guerres de Religion (1477-1556)

A la mort (1477) de Charles-le-Téméraire, qui ne laissait qu'une fille, le duché de Bourgogne, que le roi Jean avait donné à Philippe-le-Hardi, était réversible à la couronne de France.

Louis XI, qui en hérita, sut morceler et distribuer habilement ce beau domaine, pour se créer des partisans. C'est ainsi que la capitainerie d'Avallon fut donnée à Guérin-le-Groin.

Sous Louis XII, les Suisses ayant attaqué Dijon (1513), les habitants d'Avallon payèrent 500 livres pour leur participation à la contribution exigée pour la levée du siège.

Louis XII, après la levée du siège, passa par Avallon où il reçut en présent des *oublies,* du *miel* et des *confitures.* Il fut si flatté de l'accueil des habitants qu'il leur accorda le droit de bourgeoisie qui,

(1) Arch. de la Ville, CC 91, 92, 118, 119.
(2)   id.   id.   CC 114.

à ceux qui en jouissaient, donnait part aux privilèges et exemptions de la ville.

En 1521, François Ier, allant à Vézelay, passa également à Avallon ; il fut reçu en grande pompe par le lieutenant et les échevins vêtus de velours cramoisi ; ils lui offrirent une bague en or avec un *rondeau ?* (1) Guy Cassard, à cette occasion, écrivait au lieutenant gouverneur : « *Ayés à chascun quarrefor vos petis enffans cryans haultement : Vive le roi François* » (2). Il voulait que le roi conservât bon souvenir

> De sa bonne ville d'Avallon,
> Petite ville au grand renom.

Les Suisses étant revenus en Bourgogne, la ville avait été obligée de faire des préparatifs de défense ; elle était sans cesse mise à contribution par le passage des troupes ; des aventuriers parcouraient encore les campagnes et les Etats votaient un subside de dix mille livres pour « *chasser les vagabonds et gens de guerre, pillant et faisant d'exécrables maux* » (3).

(1) Ern. Petit, *Avallon et l'Avallonnais*, folio 273.
(2) Arch. de la Ville, AA 16.
(3) Ern. Petit, *Avallon et l'Avallonnais*, folio 275.

AVALLON PENDANT LES GUERRES
DE RELIGION JUSQU'A HENRI IV
(1517-1589)

Luther, moine saxon, avait commencé à répandre sa doctrine en Allemagne vers 1517. Elle s'étendit peu à peu en Angleterre, en Suisse, en France et pénétra en Bourgogne vers 1560. Les adeptes de Luther, animés d'un prosélytisme ardent, avaient la prétention de réformer le catholicisme, ce qui fit donner à leur hérésie le nom de *Réforme* ; ils se livrèrent bientôt à des violences suivies de terribles représailles.

La *Réforme* gagnant du terrain, sous Henri II et François II, les passions religieuses s'exaspérèrent et les persécutions prirent un caractère de cruauté extraordinaire. Un arrêt du Parlement de Bourgogne, du 19 juin 1561, interdit l'exercice du culte réformé dans la province. Cet arrêt, suivi bientôt des massacres de Vassy et de Sens (1562), entraîna presque tous les Avallonnais dans le parti des *Ligueurs :* ainsi s'appelaient les partisans de la religion orthodoxe.

La nouvelle de l'occupation d'Auxerre par les Huguenots, la présence des bandes qui tenaient la campagne, s'emparant du château de Girolles, brûlant celui de Domecy, venant même jusqu'au portes d'Avallon, qu'ils mirent à contribution, enhardirent les partisans Avallonnais du culte nouveau ; ils étaient au nombre de 45 à 50. Il leur fut enjoint par les échevins, ainsi qu'à Clugny et à Georges Filzjehan, lieutenant du baillage, de sortir de la ville. La plupart se soumirent et se dirigèrent sur Auxerre ; le baillage fut transféré à Montréal.

Cependant, de Tavannes, chef ligueur, gouverneur de Bourgogne (1562-1567), craignant de voir Avallon tomber au pouvoir des Réformés, avait désigné une compagnie de cent arquebusiers, sous la conduite de Vezannes, pour y tenir garnison aux frais de la ville. Les Avallonnais, bons tireurs et vaillants guerriers, demandèrent à se défendre eux-mêmes, ce qui leur fut accordé. La ville fut ainsi préservée « *sans gaiges ni entretenement de soldatz, ne qu'il oyt été faict cueillette ny levée de deniers par le Gouvernement de la Province* » (1).

Mais les Huguenots d'Auxerre continuaient à inquiéter les Avallonnais ; guidés par plusieurs expulsés, ils complotèrent de se cacher dans des maisons peu éloignées de la grande porte et de surprendre les gardes. Ce projet fut déjoué. Avec l'autorisation du lieutenant de Bourgogne, plusieurs maisons furent brûlées ou démolies (1568) jusqu'à une distance de « *cent passées* » des murailles (2).

300 personnes étaient occupées aux fortifications, on achetait à Troyes des arquebuses à croc pour 200 écus (3), on fabriquait de la poudre, on armait fébrilement. Le ligueur Cl. de Saulx, sieur de

---

(1) Baudoin, *Le Protestantisme en Bourgogne,* Arch. de la Ville, EE 40.

(2) Arch. de la Ville, BB 1.

(3) Arch. de la Ville, EE 40

Vantoux, avait averti les Avallonnais de se bien garder, car il avait appris que des menées se faisaient pour surprendre la ville ou « *lui donner quelques estraictes* » (1). L'ennemi avait surpris Nitry, occupé Noyers ; Cravant était assiégé (2). Tout commerce était suspendu ; certains habitants, pour vivre, durent même vendre leur mobilier.

C'est que Wolfang, duc des Deux-Ponts, avec 20.000 Allemands et 20 pièces de canon, se portant sur la Charité (1569), menaçait de faire le siège d'Avallon si on ne lui envoyait des vivres pour son armée. Il fit, en effet, un simulacre de siège ; mais en présence d'une résistance inattendue, il se contenta de détruire les faubourgs, après les avoir mis au pillage. La vaillance des Avallonnais avait encore une fois sauvé la ville.

La même année, Vézelay est occupé par les Réformés. Le roi Charles IX accourt au secours de cette ville, impose, en passant, les habitants d'Avallon pour une somme de 3.000 livres à affecter au siège de Vézelay. Mais ceux-ci exposent « *qu'ils ont été contrainctz, voyant leurs ennemis aux portes et faulbourgs, leur donner de jour et de nuict des alarmes, prendre personnes de la dicte ville et plusieurs autres des villages voisins à leurs propres fraiz et déspens jusques au nombre de 300 personnes par chacung jour, pour diligeamment réparer les lieus les plus faibles et dangereux, et haulser les murailles où il estoit nécessaire, achepter pouldres et munitions de guerre, faire moulins à bras et à cheval dedans la*

(1) Arch. de la Ville, EE 41.
(2) Arch. de la Ville, EE 40.

dicte ville et garnir de picquetz, arquebuses, halle-
bardes et autres bastons (armes), *pour en fournir le*
menu peuple désarmé et faire tout ce qu'il leur a été
possible pour rendre la fource au roy » (1).

L'imposition fut réduite à 820 livres, le reste
devant être pris sur les Huguenots.

À la suite de ces alertes, on procéda à la hâte à
l'achèvement et à la réparation de plusieurs travaux.
La porte de Bicêtre fut reconstruite, protégée par des
màchicoulis, flanquée de deux tours rondes et réunie
à la porte de la Bastille par un passage voûté fort
étroit qui en rendait la défense facile. La porte
auxerroise fut murée, pour simplifier la garde de la
ville ; l'artillerie était en place ; on faisait le guet de
jour et de nuit. On voulait être prêt à tout événement.

Les habitants des faubourgs, eux-mêmes, éprouvés
par le pillage et l'incendie, demandaient à être
protégés par des murailles.

Après la paix de Saint-Germain, conclue en 1570,
les passions paraissaient se calmer, lorsque le duc
de Guise, chef de la Ligue, tenta de faire assassiner
l'amiral de Coligny. Coligny ne mourut pas et l'assas-
sin s'échappa. Le parti huguenot se vit menacé tout
entier et demanda impérieusement justice, menaçant
de se la faire lui-même. C'est sous le coup de cet
imminent danger que fut résolu, par Charles IX et
sa mère Catherine de Médicis, le massacre de la
Saint-Barthélemy (1572) qui vint encore une fois
ranimer la guerre civile. De nouveau, catholiques et

(1) *Annuaire de l'Yonne*, 1852, folio 266.

protestants se mirent en campagne. Mais leurs chefs ne soutenaient plus que des intérêts politiques. Ils bataillèrent vaguement pendant plusieurs années sans autre résultat que de ruiner les populations par leurs contributions.

Entre temps, par lettres patentes de septembre 1582 (1), les habitants de Cousin-le-Pont furent autorisés à se clore de « *murs, tours et tournelles pour leur défense et sûreté, sous le consentement du lieutenant général de la province et des habitants de la ville* ». On leur promettait donc satisfaction, mais ces murs ne furent exécutés en réalité qu'en 1605 et 1685 (2). Ce n'est qu'en cette dernière année que l'on fit fermer les faubourgs des Cousins et de Saint-Martin pour les mettre à l'abri des « *périlz et dangiers où ils ont été par ci-devant..., à cause des ravaiges, rançonnemens et incursions des gens de guerre qui ont passé, tragent, passent et repassent journellement par ce pays, de quoy ils ont souffert et enduré de grandes pertes* ».

Les déprédations continuaient de part et d'autre ; on n'entrevoyait pas la fin de ces calamités.

Un traité secret d'union entre les catholiques de Bourgogne fut conclu à Dijon en 1587 (3).

En 1588, sur la nouvelle que le roi devait traverser le pays avec les reitres, on fit armer les casemates des deux portes principales pour en interdire l'accès ; on organisa une compagnie de 40 arquebusiers à cheval ; les magasins furent remplis de poudre (4).

(1) Arch. de la Ville, EE 7.
(2) Arch. de la Ville, CC 220 et BB 1.
(3) Arch. de la Ville, EE 57.
(4) Arch. de la Ville, EE 58.

Le duc de Mayenne devait occuper et défendre la ville, mais la peste y sévissait depuis deux ans ; il jugea prudent de s'arrêter à Pontaubert, où il fut hébergé aux frais de la ville.

En 1589, Sébastien Goreau, avocat et échevin, fut délégué par les Avallonnais pour assister aux Etats de Bourgogne, afin de pourvoir aux expéditions militaires et « *deschasser les ennemis de la Sainte Union* » (1).

Vers le même temps, de graves événements survenaient à Paris : le duc de Guise, chef de la Ligue, était assassiné (1588), à l'instigation de Henri III, la reine-mère mourait (1589) et le roi était lui-même assassiné la même année, sans laisser de postérité.

« Jamais, dit M. Challe, coup de poignard n'a
« produit plus grand effet et révolution plus subite ;
« il dispersa une armée formidable qui assiégeait
« Paris ; il coupa une branche sur l'arbre de saint
« Louis et fit repousser un autre rameau royal ;
« une couronne catholique tomba sur la tête d'un
« prince huguenot, Henri de Navarre, lequel prince
« abandonnant le protestantisme priva les religion-
« naires de leur principal chef et anéantit les espé-
« rances des Réformés. »

(1) Arch de la Ville, EE 58

§ VI

AVALLON SOUS HENRI IV (1589-1610)

Résistance des Avallonnais à l'autorité royale (1589-1594)

Il se produisit alors un fait étrange qui explique l'attitude des Avallonnais pendant les premières années du règne de Henri IV. Le droit d'hérédité désignait pour succéder à Henri III le protestant Henri de Navarre. Les Ligueurs soutinrent le droit du peuple à choisir son gouvernement, tandis que les protestants, malgré leurs tendances démocratiques, se rattachèrent au principe d'hérédité. Presque toutes les villes, poussées à la révolte par le duc de Mayenne, qui avait succédé à son frère, le duc de Guise, comme chef de la Ligue, se rangèrent dans son parti et Avallon fut une des premières à lui donner son adhésion (1).

Par délibération de l'assemblée des habitants, un règlement fut imposé pour la garde de la ville en prévision des attaques des ennemis de l'Union des catholiques. L'entrée de la ville fut interdite aux gens suspects ; une compagnie d'arquebusiers montait la garde jour et nuit (2).

La nouvelle de la conversion de Henri IV fut bientôt répandue, mais on ne connaissait pas au juste la vérité, les moyens d'information n'étant ni

(1) Ern. Petit, *Avallon et l'Avallonnais,* folio 304.
(2) Arch. de la Ville, EE 59.

sûrs ni rapides. Les uns suspectaient cette conversion, d'autres la niaient même formellement. Les Avallonnais, fervents catholiques, se tenaient sur une défiante réserve et leur ville restait fermée aux troupes royales.

Beaucoup d'autres villes étaient dans les mêmes dispositions, de sorte que Henri, bien qu'héritier légitime, fut obligé de conquérir son royaume les armes à la main. De nouveaux combats étaient à prévoir ; Avallon était plus que jamais décidée à la résistance.

L'armée du duc du Maine, chef ligueur, conduite par le seigneur de Jaulges, entreprit de soumettre Annay et Girolles « *estans rebelles contre le repos et tranquillité publicq* ». Une troupe venue d'Auxerre avec deux canons « *racoustrés* » à Avallon fit le siège d'Annay : deux canonniers furent blessés ; mais le village fut pris, pillé et mis à feu et à sang. La ville d'Avallon fournit des vivres qui lui furent remboursés (1).

C'est de cette époque que date la construction des quatre bastions en maçonnerie flanqués de guérites que nous avons décrits dans le « *Tour de Ville* » et qui devaient permettre la mise en batterie de canons sur des points culminants dominant les alentours ; on reconstruisait en même temps, pour la seconde fois, la tour de la Petite Porte, située sur le bastion du même nom. On comptait assurer ainsi la sécurité de la ville contre les engins nouveaux employés par les armées royales. Nous ne parlons que pour mémoire de l'*Eperon*

____

(1) Arch. de la Ville, EE 58, mémoires de fournitures.

4

en terre élevé dans le même but derrière la vi-comté (1).

Plusieurs seigneurs du pays, bien que catholiques convaincus, s'étaient ralliés au nouveau roi ; de ce nombre étaient les sires de Chastellux et de Ragny ; aussi furent-ils considérés par les habitants comme « *ennemis du Saint Parti* ».

François de la Magdelaine, seigneur de Ragny, était un des personnages les plus influents de l'époque. Il avait servi avec zèle Charles IX et Henri III, et Henri IV ne l'appelait que son « *fidèle Ragny* ». Il fut le plus zélé soutien des royalistes dans l'Avallonnais.

Une troupe de reitres, commandés par le maréchal d'Aumont, était à Ragny (1590), tenant les Avallonnais en éveil (2) ; Montbard était attaqué sans succès, mais le maréchal s'emparait de Noyers dont Ragny devenait gouverneur. Epoisses, Girolles, Tour-de-Pré, Sainte-Magnance étaient déjà occupés par les royalistes. En 1591, une partie de la garnison d'Avallon était appelée au secours de Paris, assiégé par Henri IV. Le moment était favorable pour tenter un coup sur Avallon et amener sa soumission.

Surprise d'Avallon par le maréchal d'Aumont (1591)

Nous faisons le récit de cette agression d'après un acte de l'époque relatif à l'institution de la procession dite de la SAUCISSE (3) dont nous parlerons plus loin.

(1) Voir première partie.
(2) Arch. de la Ville, EE 60.
(3) Ern. Petit, *Avallon et l'Avallonnais*, folio 430.

Dans la nuit du 28 au 29 septembre 1591, pendant que les habitants reposaient en paix, confiants dans la vigilance des sentinelles qui faisaient faction aux tours et sur les murailles de la ville, « *ce qui fut* « *toutefois négligé par aulcuns de la dicte garde,* « *ayans leurs quartiers sur la grande porte* », les royalistes, commandés par le maréchal d'Aumont, guidés par les habitants expulsés, s'avancèrent en silence pour surprendre la ville. Ils réussirent à introduire, dans un aqueduc conduisant les eaux de la Grande Porte au fossé de la tour Beurdelaine, un énorme pétard ou « *saulcisse* » renfermant 330 livres de poudre, dont l'explosion fut effroyable. Une brèche fut pratiquée, suffisante pour laisser passer trois hommes de front armés ; la première porte, du côté de la ville, fut renversée et portée à dix pas en dedans ; la chaîne qui la joignait et celle du grand pont-levis furent rompues ; la porte d'entrée, les deux tours furent enfoncées, les toitures enlevées et réduites en poussière. La pierre de taille formant l'entrée de l'aqueduc, pesant plus de trois cents livres, fut portée par l'explosion à plus de huit cents pas, sur les Chaumes, en un point où l'on érigea plus tard une croix « *en signe de marque et souve-* « *nance* ». Les royalistes s'élancèrent par la brèche et s'avancèrent même jusqu'au château des vicomtes. Mais les habitants, d'abord surpris, se ressaisirent ; ils se précipitèrent « *nuds qu'ils estoyent* » sur les assaillants, sous la conduite du courageux mayeur Sébastien Goreau et du syndic. Il y eut plusieurs tués et blessés de part et d'autre ; deux capitaines royalistes furent faits prisonniers. Les assaillants furent enfin refoulés hors de la ville. Cet exploit remarquable eut lieu la veille de la saint Michel et le succès en fut attribué à l'archange et aussi à l'intercession de saint Lazare dont la relique reposait à la collégiale. Les habitants, de concert avec les chanoines du Chapitre, instituèrent, l'année suivante, une procession commémorative qui devait être célébrée à perpétuité le 26 septembre de chaque année ; elle fut appelée par le peuple « *Procession de la Saucisse* ». Le cérémonial, réglé dans ses moindres détails, fit l'objet d'un traité où l'on trouve le récit de cette défense mémorable.

Le maréchal d'Aumont leva le siège et les Avallonnais purent se réjouir de leur victoire. Ils furent cléments et, à la prière du maréchal, relâchèrent leurs prisonniers, à condition qu'ils ne porteraient plus les armes contre la ville.

A la suite de cette surprise, les défenseurs de la place jugèrent qu'il n'était pas prudent de laisser ouvertes les meurtrières inférieures des tours, par lesquelles on pouvait introduire des explosifs. On remplit de terre et de fascines le sous-sol de plusieurs de ces tours. (Voir première partie.)

Soumission de la ville d'Avallon (1594)

Après la conversion de Henri IV à la religion catholique, (1) les Avallonnais furent sollicités de toutes parts de renoncer à la lutte. Chamlemye, qui commandait pour le roi, dans le Nivernais, écrivait entre autres aux Avallonnais une lettre fort habile (1594) : « *Vous avez,* écrit-il, *seulement*

(1) 25 juillet 1593, Arch. de la Ville, EE 64.

eu la volonté de vous conserver sans retirer auculnes forces qui ravageassent le pauvre peuple ; l'on a jugé que cette forme de procéder était un assuré témoignage que vous aviez eu seulement en l'âme le prétexte de la religion, sans ambition ni avarice. Cela estant, j'estime aussy qu'ayant maintenant ce que vous avez peu demander, savoir, ung roy fort catholique, il ne vous restera aultre affection que de luy demeurer fidèles et obéissants sujets » (1).

Toutefois les Avallonnais ne se laissèrent point ébranler et ils en furent félicités par le vicomte de Tavannes, lieutenant général au gouvernement de Bourgogne pour la Ligue, qui écrivait aux échevins (1) : « *Messieurs, je ne vous saurais assez louer de votre affection et constance au service de Dieu et obéissance de notre Saint Père. La réponse qu'avec faite au sieur de Chamlemye est digne de vous, qui avez la réputation d'être gens de bien et d'honneur..... Quand vous aurez besoin de nous, nous vous yrons assister à votre premier mandement..... »*

De son côté, Georges Filzjchan, lieutenant civil du baillage, écrivait au maire une lettre pleine de dignité et de raison, dont nous extrayons ce qui suit :

« *Dieu nous a donné un roy catholique qui doit être reconnu tel par les démonstrations qu'il en fait. N'entrez point en partage avec Dieu qui a réservé à lui seul de juger de l'intérieur.....*

« *Les armées sont tout près de vous, auxquelles rien ne résiste, voir qu'Auxerre, sur les nouvelles de la reddition de Paris, est sur le point de quitter les*

______
(1) Arch. de la Ville, EE 64.

armes. Ne vous abusez aussy au secours de votre party, car c'est où on vous attend pour achever votre ruyne.....

« *Il n'y a celui de tous ceulx qui sont hors de leurs maisons pour avoir été fidèles serviteurs du roy qui n'ait réservé une bonne volonté à sa patrie et qui, pour la retirer du péril éminent, n'y porte tout ce qui dépendra de lui avec une oubliance du passé....* » (1).

Le fidèle Ragny, le maréchal d'Aumont, firent également de pressantes et affectueuses instances dans les termes les plus conciliants. Mais Ragny, après de vaines tentatives, finit par devenir menaçant. « *Je ne vous sèlerai point,* dit-il, *qu'ayant vu, par vos dernières lettres, que ne preniez résolution à recognaître non plus Sa Majesté que lors qu'il n'était point catholique, que je n'aye déclaré de bonne prise tout ce qui viendrait, entrerait et sortirait de votre ville, comme estant ennemys de l'Estat* » (2).

Ni promesses ni menaces ne purent avoir raison de la fermeté obstinée du maire Borot. Il écrivait en effet à M. de Tavannes : « *Mais n'y les doulceurs dont il* (M. de Ragny) *pourrait s'aider à guérir le mal, ny toutes les rigueurs dont il pourrait se servir à nous faire pis, n'auront pouvoir d'altérer le debvoir, l'obéissance et le respect que nous devons à Monseigneur et à vous* ».

Mais, observe M. Raudot (2), les événements furent plus forts que l'obstination du Maire et les ligueurs provoquèrent eux-mêmes sans le vouloir le résultat que rien n'avait pu obtenir.

(1) Raudot, *Annuaire de l'Yonne,* 1858.
(2) Raudot, *Annuaire de l'Yonne,* 1858, folio 114.

Le vicomte de Tavannes, repoussé d'Auxerre, obtint du Maire Borot qu'on ouvrît les portes d'Avallon à un petit nombre d'entre eux. Avallon reçut les chefs ligueurs avec empressement, comme des amis ; mais ceux-ci firent bientôt pénétrer leurs troupes dans la place, qui fut soumise aux plus dures réquisitions. Les Avallonnais protestèrent énergiquement, mais de Tavannes les menaça d'une forteresse dont la construction fut en effet adjugée à un capitaine Robert. Ils se plaignirent alors directement en ces termes, au duc de Mayenne, chef de la Ligue :

« *Monseigneur, nous vous avons donné advis, par plusieurs messages, des troupes que M. le vicomte de Tavannes a jetté en cette petite ville du tout affectionnée au saint party de l'Union..... Quoique n'eussions affaire, pour le présent, d'un si grand secours, ce néanmoins nous avons obéi au commandement de Monseigneur le vicomte, qui y a introduit tel nombre de soldats, que nous pouvons dire avec vérité qu'il excède trois foys celui des habitants..... Nous serons contraints d'abandonner nos maisons pour aller par le pays mendier nos vies qui serait un pauvre loyer de nos fidélités et des services qu'avons fait en ce saint party.* »

Sur les ordres de Mayenne, de Tavannes se retira de mauvaise grâce, laissant encore une garnison de sept à huit cents hommes.

La ville réclama le remboursement, sur le bailliage d'Auxois, des munitions fournies à « *l'influence et désordonnée garnison que le vicomte de Tavanne y avait introduicte à la toutale ruyne du pays* » (1).

---

(1) Arch, de la Ville, CC 201, et Raudot, *Annuaire*, 1858.

Cette tactique maladroite avait aliéné les esprits. Chaque jour, d'ailleurs, les ligueurs perdaient du terrain : Mailly-le-Château, Vézelay étaient gagnés ou vendus à la royauté et Henri IV faisait son entrée à Paris le 22 mars 1594.

Quelques ligueurs Avallonnais, dont les convic-·tions commençaient à fléchir, complotèrent de délivrer la ville de ces hôtes exigeants. Ils entrèrent en pourparlers avec Edme de Rochefort Pluviaut, gouverneur royaliste de Vézelay ; ils convinrent du jour et de l'heure où les portes de la ville seraient livrées, et, le 31 mai 1594, à 6 heures du matin, Rochefort, à la tête des garnisons de Vézelay et de Montréal, entrait à Avallon par la porte Auxerroise, faisant prisonniers le capitaine gouverneur Communes, le capitaine Gouville et les 700 à 800 soldats du *saint parti* qui défendaient la place. Dix soldats lorrains furent tués pendant l'action, mais pas une seule maison ne fut pillée ; on rappela les habitants qui avaient été exilés et la paix fut rétablie. Les Avallonnais, anciens ligueurs ou royalistes, réconciliés désormais, envoyèrent une délégation au roi et lui proposèrent leur soumission sous la forme d'un *Acte de capitulation* que nous reproduisons dans ses principaux articles :

CAPITULATION

Faite en l'an 1594, le 12 juillet
entre les habitans d'Avalon et le roi Henri IV [1]

AU ROY,

Sa Majesté est suppliée en toute humilité de vouloir recevoir en sa bonne grâce et obéissance les échevins, manans et habitans de la ville d'Avalon et tout ce qui dépend du bailliage d'icelle et de leur accorder les articles ci-après :

ARTICLE PREMIER

Conformément à ses édits généraux et particuliers, ordonner qu'il ne se fera en la dite ville et aux faubourgs d'icelle, n'y au dedans du dit bailliage d'Avallon, aucun exercice que de la religion catholique, apostolique et romaine.

Le Roy a agréable la très humble soumission des supplians et veut les reconnaitre désormais pour ses bons et loyaux sujets.

Le Roy ordonne que dans les villes et faux bourgs d'Avalon, il ne se fera aucun autre exercice de religion que de la catholique, apostolique et romaine ; ne es autres villes et lieux du dit bailliage ; défendu par l'édit de l'an mil cinq cent soixante-dix-sept et déclart faite sur l'observation d'y celui.

ARTICLE 2

Que les officiers royaux et du corps commun de la dite ville seront de la dite religion catholique.

Idem

ARTICLE 3

Décharge des décimes pour un temps en faveur des ecclésiastiques.

Décharge les supplians des décimes depuis l'an 1539 jusqu'en février 1593.

ARTICLE 4

Abolition de tout ce qui s'est passé en temps de guerre.

Accordé.

(1) Arch. d'Avallon, EE 64 et AA 3. Cette pièce a été lacérée.; mais on la trouve reproduite dans un manuscrit de la bibliothèque intitulé *Anecdotes Avalonnaises*, folio 985.

ARTICLE 5

Fortifications. — Leur accorder qu'ils puissent continuer les fortifications et constructions des boulevards commencés au devant de la Grande Porte de la dite ville et qu'à cet effet il leur soit permis de lever sur le dit bailliage la somme de deux mille écus pour une fois, ou pareille somme sur les greniers à sel de la dite ville et lever sur chacun minot vingt sols.

Le Roy leur accorde dix sols pour minot de sel vendu au grenier à sel d'Avalon seulement.

ARTICLE 6

Que Sa Majesté restituera aux habitans dans leurs droits, privilèges, concessions, octrois, franchises, libertés, immunités et usage de bois, etc.

Accordé comme ils en ont bien et duement jouit auparavant les troubles.

ARTICLE 7

Rétablir le bailliage qui avait été transféré à Montréal.

Accordé.

. . . .

ARTICLE 10

Confirmer aux dits habitants les privilèges qu'ils ont de choisir et élève chacun an un capitaine et lieutenant d'icelui, en la dite ville, lequel lieutenant sera néanmoins natif d'icelle, pour être le dit capitaine logé par les vénérables doyen, chanoines et chapitre de Saint-Ladre en la dite ville et fournir d'ustensiles nécessaires à la condition et qualité d'ycelui capitaine, selon les chartes et privilèges que les habitans en ont des défuns rois.

Accordé comme ils en ont cy-devant bien et duement jouit.

ARTICLE 11

Capitaine gouverneur. — Et en conséquence supplient très humblement Sa Majesté leur accorder pour capitaine et gouverneur de la dite ville, tant en paix qu'en guerre, le sieur Rochefort Plucault qu'ils ont élu par assemblée commune et duquel les gages accoutumés être payés aux gouverneurs des autres villes et gouvernements de France, seront pris et levés sur le dit bailliage d'Avalon.

Accordé.

ARTICLE 12

Levée et entretien de troupes. — Que pendant les dits troubles sera levé et imposé la somme nécessaire, tant sur le dit bailliage que ailleurs, pour l'entretien des compagnies, tant de pied que de cheval, que Sa Majesté jugera nécessaire pour la conservation de la dite ville, lesquelles compagnies demeureront sous la charge du sieur de Rochefort et seront tirées du régiment du sieur de Blanchefort ; dont la sienne en sera l'une ; attendu qu'icelui sieur a fait serment à Sa Majesté, en la reddition d'icelle ; en néanmoins suppliant Sa dite Majesté que les dites compagnies n'excédant le nombre de cinquante chevaux et de cent hommes à pied ; si moindre il ne lui plaît l'établir.

A été particulièrement satisfait au sieur Rochefort sur cet article.

. . . .

ARTICLE 18

Demeureront les dits habitans déchargés de l'élection
des mairies en la ville d'Avalon, par eux faite durant les
dits derniers troubles, etc.

Accordé comme le tout étai t
avant les troubles.

. . . .

ARTICLE 21

Procès fait à Robert, de la
prodition qu'il a voulu faire
de la ville auparavant la dite
réduction en y entreprenant
la construction d'une citadelle.

Le Roy veut que la punition
du dit crime se fasse.

ARTICLES 22 A 25

Gratifications et offices divers.

Accordés (avec certaines
réserves).

ARTICLE 26

Confiscation des biens des
ligueurs et rebèles.

Accordé.

Les présents articles ont été vus et répondus par le Roy au
camp devant Laon, le 12 juillet 1594.

Signé : HENRI.

Et plus bas,

Contresigné : POTIER.

La députation chargée de présenter au roi l'Acte
de Capitulation se présenta devant lui à Laon, dont
il faisait le siège, dans les premiers jours de juin
1594. Le 9 juillet, Henri IV écrivait aux échevins la
lettre suivante :

*« Chers et bien aimez, puisqu'il a pleu à Dieu vous
faire la grâce et nous donner le contentement de vous*

*voir, avec tous nos bons sujets réuniz à notre obéis-
sance, nous voulons désormais embrasser votre pro-
tection et vous faire pareil traitement qu'aux autres,
qui nous sont, comme vous promettez que serez, nos
bons et fidèles subjets, nous avons, en cette considéra-
tion, favorablement reçu voz députez, respondu sur
chacun de vos articles aultant à votre contentement et
soulagement que nos affaires l'ont pu permettre. Il
reste que vous soyez soigneux de votre conservation et
ayez telle correspondance avec le sieur de Rochefort,
que nous vous donnons pour gouverneur, que vous
puissiez garantir des entreprises et mauvais desseins
de nos ennemis et vous maintenir et conserver en paix
et tranquillité, tel que le bien de notre service le
requiert.*

« *Donné au camp devant Laon, le 9ᵉ jour de juillet
1594.*

« *Signé :* Henri. »

Par lettre du 12 juillet suivant, Henri IV ordonna
au parlement de Bourgogne de « *vérifier et entériner
ses réponses aux articles présentés par ses chers et
bien aimés les échevins, manans et habitans de sa
ville d'Avalon et notamment le rétablissement, confir-
mation et continuation des privilèges qu'ont les dits
habitans de l'élection pour chacung an d'ung capitaine
et lieutenant d'iceluy en la dite ville, et tous autres
privilèges, franchises et immunités* ».

Union et oubli, telle fut la devise du roi. Il était
trop grand et trop généreux pour exercer des ven-
geances ; il ne songea plus qu'à pacifier les esprits
et à guérir les plaies du pays par une sage administration.

Après la reddition de la ville, les ligueurs les plus intraitables de la veille devinrent les plus chauds partisans du lendemain. Il faut cependant en exempter le maire Joseph Borot qui mourut, dit-on, de douleur le 10 juillet suivant, en déplorant l'inconstance de ses anciens amis.

La suppression de la mairie était une condition de l'acte de soumission ; elle ne fut rétablie qu'en 1693, lorsque Louis XIV rendit cette charge vénale et héréditaire.

Cet acte conférait à Rochefort les fonctions de gouverneur de la ville.

Sébastien Goreau, qui avait été, comme nous l'avons vu, un des plus énergiques défenseurs de la ville, qui avait même pris une part active à la fondation de la « procession de la Saucisse », prit également l'initiative de la « procession de la Délivrance », destinée à commémorer l'entrée des royalistes à Avallon. Cette cérémonie, calquée sur la précédente, fut moins éphémère, car elle fut célébrée pendant près d'un siècle, au dernier jour de mai, aux frais de la ville, ainsi que l'indiquent les comptes.

Le 27 mars 1595, les échevins et le procureur syndic se présentèrent donc devant les chanoines de Saint-Lazare : « *Nous devons,* dit le procès verbal, *rementevoir le péril dont Notre-Seigneur, par sa seule Providence, a tiré cette ville le dernier jour du mois de mai 1594, étant détenue et occupée par gens de guerre, tenant pour lors party contraire à Sa Majesté ; oultre le mauvais traitement qu'ils faisaient aux dits habitans, voulaient bastir une citadelle à la grande porte de la dite ville pour la tyranniser.....* » puis après avoir rappelé l'exploit de Rochefort : « *Dieu nous a fait paraître avoyr singulièrement aymé notre ville. Dont nous avons tous occasion de lui rendre grâces, à jamais mesmement de ce que en un jour d'heur il a, par sa seule puissance, réconcilié les magistrats et bourgeois de la dite ville, absents pendant les présents troubles, avec ceux qui y étaient demeurés, comme si la guerre civile jamais ne les avait divisés ».*

Lorsqu'on lit attentivement les lettres des chefs ligueurs ou royalistes contenues dans nos archives, on est amené à faire plusieurs constatations intéressantes :

1° Malgré l'acharnement d'une longue guerre civile, les chefs ligueurs, aussi bien que les chefs royalistes et les représentants de la commune, ne se sont jamais départis, dans leur correspondance, de la courtoisie que se doivent des gens bien élevés. Ils déplorent l'obligation de se combattre sans jamais suspecter la loyauté de leurs adversaires ; il faut y voir encore le respect naturellement dû à une vaillante cité combattant pour ses libertés.

2° On admire aussi la longanimité déployée par Henri IV, pour ramener son peuple à lui ; cinq années durant, Avallon lutta contre la royauté et il ne lui fit entendre, après sa soumission, que des paroles de clémence. On reconnaît ici le roi gentilhomme qui fournissait lui-même des vivres au peuple de Paris qu'il assiégeait. « *J'aimerais mieux n'avoir point de Paris*, disait-il, *que de l'avoir déchiré et en lambeaux.* » Politique ou bonté d'âme, ce sentiment mérite d'être admiré.

3° Enfin, les Avallonnais surent se montrer dignes de la générosité de leur souverain. Leur soumission fut aussi loyale que leur résistance avait été acharnée et il serait injuste d'attribuer à la versatilité leur changement d'attitude : ils furent vaincus autant par la magnanimité du roi que par les misères et les privations d'une longue guerre civile. On ne peut leur refuser ni la fermeté des convictions, ni le sentiment profond du devoir, ni le courage qui en découle.

§ VII

AVALLON APRÈS HENRI IV

Coup d'œil général

Avallon, après son affranchissement, en l'an 1200, se donna, comme nous l'avons vu, une organisation municipale autonome. Elle nomma, en assemblée générale, des échevins chargés d'administrer la cité.

Leur premier acte fut d'entreprendre une série de travaux qui devaient faire de la ville une forteresse capable de tenir en échec les ennemis de toutes sortes qui depuis longtemps menaçaient sa sécurité et celle de la province.

Nous avons vu ses habitants résister avec vaillance aux déprédations d'aventuriers sans scrupules qui la menaçaient d'une ruine totale ; rester jusqu'à la fin fidèle à son suzerain, le duc de Bourgogne ; édifier enfin, au prix de sacrifices énormes, le principal boulevard de la province sur sa frontière de l'Est.

Après Charles-le-Téméraire, mort sans enfant mâle (1477), Avallon suit le sort de la province, qui est incorporée à la monarchie par Louis XI ; la patrie s'est agrandie ; mais, en même temps, s'est élargi le sentiment patriotique de sa population qui deviendra aussi fidèle à ses rois qu'à ses ducs.

Avec le xvi⁺ siècle, les luttes provinciales ont disparu ; le rôle d'Avallon comme ville de guerre est fini ; elle a cessé d'être ville frontière. Elle ne combattra plus pour les franchises de la province ou de la cité ; elle se ralliera franchement à la mère patrie à qui elle fournira son contingent de défenseurs et ses subsides de guerre. Nous la verrons s'associer avec enthousiasme aux succès des armées françaises au-delà du Rhin et des Pyrénées, célébrer et fêter avec exaltation les événements heureux survenus aux souverains : naissances, mariages, sacres ou couronnements, etc.

Elle n'a plus besoin d'augmenter ses fortifications qui sont à leur apogée à la fin du xvi° siècle ; elle se contentera d'y faire les réparations urgentes jusqu'à ce que leur inutilité ait été constatée. On continuera à s'exercer au maniement des armes, plutôt par habitude que par nécessité.

La compagnie des arquebusiers, la milice bourgeoise, des garnisons momentanées, entretiendront encore l'esprit militaire toujours vivace, après la réunion de la Bourgogne à la France. Les fortifications ne seront plus gardées que par intermittence, le service du guet se relâchera jusqu'à son abandon définitif, et les portes de la ville, fermées pendant la nuit, ne la défendront plus que contre les vagabonds sans aveu ou d'origine douteuse, apportant avec eux la misère et la peste. La prudence, tempérée par la charité, obligera la ville à ouvrir aux malades contagieux des refuges temporaires sur la Morlande, sur les Chaumes et à la Maladière.

Nous verrons enfin les Avallonnais, toujours chevaleresques, conserver le culte de la patrie à laquelle ils fourniront d'illustres généraux et, toujours généreuse, accueillir ses hôtes de passage avec une cordiale hospitalité.

Mais l'histoire d'Avallon ne présentera plus de ces faits saillants qui font époque dans les annales d'une ville. Heureux, dit-on, les peuples qui n'ont pas d'histoire : ce sera sans doute la conclusion de cette dernière période.

Telles sont les réflexions que peuvent susciter les pages que l'on vient de lire et qui ne peuvent qu'être corroborées par l'exposé des faits suivants qui appartiennent encore à la *Chronique militaire Avallonnaise.*

Entretien des fortifications, charges militaires au XVIIe siècle

Bien que les fortifications fussent achevées à l'origine du xviie siècle, les dépenses les concernant continuèrent cependant à avoir une certaine importance. Mais on peut se rendre compte qu'il ne s'agit plus que de travaux d'entretien, de réparations d'avaries causées par des intempéries ou de frais occasionnés par le mouvement des troupes de guerre.

Ainsi, en l'année 1601, un ouragan épouvantable sévissait sur Avallon, détruisant une partie du clocher de Saint-Lazare, renversant des murailles et des eschifs, découvrant 200 maisons et plusieurs tours ou portes de la ville (sans compter les Cousins). Aussi le budget fut-il sérieusement atteint, pendant plusieurs années, par les réparations de ces dégâts (1).

En 1601, on fait de grosses réparations à la tour d'horloge (2), où l'on dépense à la toiture pour fermeture de trois brèches résultant de l'orage, 95 écus.

(1) Moreau, *Bulletin* 1874.
(2) Arch. de la Ville, CC 208.

En 1604, on paie pour réparations de tours porteries, etc., 745 livres (1).

En 1606, on continue la réparation des brèches, 1322¹ (2).

En 1607, on continue la réparation des brèches en trois points, 3599¹ (3).

En 1614, on remet à neuf 5 pièces de canon qui gisaient à terre : dépense, y compris remontage, 310¹ (4).

En 1615, on paie pour reconstruire une grosse muraille, 3185¹ (5).

En 1617, on fait les planchers de 3 tours, 110¹ ; on répare un pont-levis, 270¹ ; on fait 3 barrières, 197¹ ; on répare la charpente des tours, corps de garde, sentinelles, 873¹ (6).

En 1619, on paie pour réparations aux murailles et dérasement de roches le long du chemin de ronde, 212¹ (7).

La même année, on paie pour réparations aux pont-levis et curage de fossés, 678¹ (7).

On fait encore des réparations aux murailles, 1265¹.

En 1622, on paie pour réparations aux murailles et fermeture d'une brèche près la tour de Pontaubert 4300¹ (8).

On garde les portes pendant les vendanges.

En 1623, on paie pour réparations aux boulevards de la grande porte et de la porte auxerroise, 4080¹ (9).

(1) Arch. de la V., CC 211.	(6) Arch. de la V., CC 223.
(2) — — 213.	(7) — — 228.
(3) — — 217.	(8) — — 232.
(4) — — 220.	(9) — — 233
(5) — — 221.	

En 1629, on refait une muraille au bastion de la petite porte, 912ˡ (1).

On fait garder les portes pendant le passage des Suisses.

En 1631, on paie pour « le délogement de 4 compagnies du régiment de M. de Plessis-Praslin », 2 pistoles (2).

En 1632, on fait de grandes dépenses à l'occasion de la première entrée, à Avallon, du prince de Condé, Henri de Bourbon, gouverneur de la Bourgogne pour le roi Louis XIII ; on lira plus loin la description spéciale de cette cérémonie qui ne coûta pas moins de 1600ˡ (3), non compris l'appropriation du logis gratuitement offert.

En 1636, on fait garder les portes par 100 hommes, afin d'interdire l'entrée de la ville aux malades atteints de maladies contagieuses.

En 1640, on fait une muraille autour de l'éperon de la vicomté, 1280ˡ (4).

On fait des terrassements aux bastions de Beurdelaine et Porte-Auxerroise, 1880ˡ (5).

En 1642, on paie à M. de Chastellux, capitaine de chevau-légers, y compris le logement, 3742ˡ (6).

En 1643, dépenses pour logement de troupes et de prisonniers espagnols faits à la bataille de Rocroy, 1327ˡ, plus pour garnisons 2565ˡ = 3892ˡ (7).

En 1649, logement de troupes, 1292ˡ (8).

En 1650, à divers régiments conduits par M. de Vendôme, 1303ˡ (9).

(1) Arch. de la V., CC 235.		(6) Arch. de la V., CC 250.	
(2)	—	— 238.	(7)	—	— 251.
(3)	—	— 238.	(8)	—	— 256.
(4)	—	— 248.	(9)	—	— 257.
(5)	—	— 248.		

En 1633, les dépenses pour la subsistance des troupes et les frais de garnisons, remboursement aux hôteliers, etc., ont une importance exceptionnelle :

les frais de garnison, en quartier d'hiver, de 6 compagnies du régiment de Bourgogne coûtent.   13152ˡ

le passage en juin de 20 compagnies....   1112ˡ

le remboursement aux hôteliers.......   5058ˡ

Total..........   19322ˡ (1)

En 1646, le boulevard de Beurdelaine est revêtu de pierres de taille et l'on répare plusieurs bastions, 5000ˡ (2).

En 1652, on fait des réparations à la grande porte..........   1245ˡ

— on relève la muraille près la tour de Pontaubert......   2100ˡ

— on répare le bastion de la petite porte..........   2500ˡ

Total..........   5845ˡ (3)

En 1679, on refait les pont-levis de la grande porte et de la porte auxerroise, 84ˡ (4).

En 1708, on dépense, pour l'entretien du fossé, 337ˡ (5).

En 1717, on dépense, pour réparations aux murailles, 1209ˡ (6).

En 1732, plusieurs tours et terrains qui les avoisinent se louent depuis quelques années par « *baux amphytéotiques* ».

En 1737, on dépense pour troupes de passage, 213ˡ (7).

(1) Arch. de la V., CC 259.   (5) Arch. de la V., CC 312.
(2)   —   — 266.   (6)   —   — 322.
(3)   —   — 266.   (7)   —   — 343.
(4)   —   — 282.

En 1743, 8 miliciens de la ville, ayant reçu 168¹ pour rejoindre leur garnison, s'enfuient en route, sont repris et enfermés à la prison de Dijon et la ville est obligée de payer, pour leur entretien et gardiennage, 950¹ (1).

En 1746, des prisonniers hollandais sont logés à Avallon dans l'hôpital ; on les occupe à faire des chemins et à enlever des terres près de l'hôpital. Quelques-uns s'enfuient ; on les retrouve dans les bois de Rouvray. Dépense importante (2).

A partir de ce moment, les frais d'entretien des fortifications diminuent, la population augmente, la ville tend à s'agrandir ; on ne songera plus bientôt qu'à raser la partie Nord des fortifications qui est un obstacle à son agrandissement. Nous avons exposé, dans la première partie de cette notice, les difficultés que la ville eut à surmonter à ce sujet.

Dons faits par la ville à divers personnages

A l'époque de la Féodalité, les populations, soit spontanément, par pure courtoisie, soit dans le but intéressé de se concilier les bonnes grâces des autorités militaires ou civiles, leur faisaient des présents proportionnés à l'importance de leurs charges, et ceux-ci ne croyaient pas déroger à leur dignité en les acceptant.

Les comptes des receveurs contiennent quantité d'articles pour acquisitions diverses faites, dans cette intention, sur l'ordre des échevins. C'étaient surtout

(1) Arch. de la V., CC 350.
(2)　　—　　　　—　355-56-57.

des vins en fûts ou en bouteilles, de l'hypocras (1), des truffes, du miel, du gibier, des confitures, de la volaille, etc. Pendant le XVIII° siècle surtout, une bonne partie des deniers communs passaient en présents de vins en fûts à des fonctionnaires qui s'étaient habitués à considérer ces largesses comme un droit acquis. En 1659, le duc d'Epernon, gouverneur de la Bourgogne pour Louis XIV, ne craignit même pas d'obliger les villes à racheter les frais de ses entrées ; Avallon payait de ce chef 4.800 liv. (2) ; mais cela n'est pas très surprenant à une époque où la plupart des charges publiques étaient devenues vénales.

Voici quelques-uns de ces articles (3) :

XV° SIÈCLE

1428 Don au maréchal de Bourgogne, pain, vin, avoine 11ˡ 4ᵍʳ ;

1435 Pour 2 muids de vin donnés au maréchal-gouverneur, 14ˡ ;

1441 Présent de trois saumons au maréchal ;

1443 Présent de vin et avoine à l'archevêque de Besançon venu en pélerinage à Saint-Ladre, 16ᵍʳ 2ᵈ ;

1448 Pour un mouton gras aux officiers de l'évêque ;

1451 Pour une anguille et un « *brocheraul* » envoyés au receveur d'Auxois, 7ᵍʳ ;

1451 Pour un demi-veau et un demi-mouton à M. de Villarnoul, 9ᵍʳ ;

1466 Pour quatre pintes d'hypocras au maréchal de Bourgogne, 18ᵍʳ ;

(1) Boisson fermentée et aromatisée où il entrait du vin et du miel.
(2) Arch. de la Ville, BB 2 C.
(3) Arch. de la Ville, CC 84 et suivants.

1456 Pour 10 pintes de vin au bailly d'Auxois, un veau et
un setier d'avoine, 18ᵍʳ 2 niq. ;

1471 Présent à M. de Villarnoul : un baril de harengs,
8ˢ 3ˡ, 1/4 de « soucre » fin, 17ᵍʳ 3ᵈ, 11ˡ de figues ;

1478 6 moutons « soulz lesne blanche » donnés vivants à
la maréchale de Bourgogne, 6ˡ 2ᵍʳ 1 bl. ;

1478 Pour 6 pintes d'hypocras à Jean de la Rochette, doyen
d'Avallon, et 2 à Guillaume de Tiersant, capitaine
de la ville, 2ˡ 2ᵍʳ ;

1482 A Bertrand de Lignières, lieutenant du gouverneur de
Bourgogne, 8 écus « à lui promis pour éviter la
foule des gens de guerre » ;

1484 Au maréchal de Bourgogne « pour l'exemption de
garnison », 14ˡ 3ᵍʳ ;

1494 Au maréchal de Bourgogne, pour 50 moutons, 57ˡ ;

1495 « Pour captiver la bégnivolence » des commissaires
chargés de loger en garnison à Avallon les gens du
grand Bâtard de Bourbon, 7ˡ 15ˢ.

On remarquera que quelques-unes de ces dépenses
frisent de près la corruption.

XVIᵉ SIÈCLE

1522 Présent de vin à M. de la Trémouille, gouverneur de
Bourgogne, 4ˡ 5ˢ ;

1522 30 muids de vin à M. de Jonnelles en reconnaissance
de services rendus à la ville, 220ˡ ;

1530 Pour le vin donné à M. l'amiral (?) et « à madame sa
femme », 7ˡ 7ˢ ;

1585 Pour la dépense de plusieurs capitaines conduisant
l'armée du duc du Maine, 3 écus ;

1586 Au commissaire des étapes « à l'occasion de ce que
les dits commissaires auraient fait rabais et diminution de la « cothe » qu'ils demandaient à la
ville », 8 écus 2 tiers ;

1589 Pour 8 brochetons, 4 carpes et 2 cardons « *délivrés à
la cuisine du duc de Nemours »*, 35ˢ ;

1589 Pour confitures données à Madame d'Alincourt,
2 écus 3ˢ ;

1598 Pour un muid de vin donné à M. de Pluvot, gouverneur de la ville, lorsqu'il « *fit son entrée en icelle
après ses espousailles »*, 12 écus ;

1598 Pour deux « *simaizes* » de vin et deux « *paintes* » et
demie d'hypocras, 24ˢ ; on tire le canon à son arrivée ;
Offrande au maréchal de Biron ; frais d'une chasse,
on offre un sanglier, on tire le canon ; il est logé
chez le lieutenant Filsjehan.

XVIIe SIÈCLE (1)

1603 14 pintes d'ypocras rouge et blanc sont portés à Ragny
à M. Legrand, gouverneur de Bourgogne ;

1615 Pour deux feuillettes données au Minimes, 36ˡ ;

1629 Pour 6 boîtes de confitures à M. le duc de Bellegarde,
18ᵉ ;

1630 Pour confitures à Madame de Launay, 24ˡ 10ˢ ;

1631 Au secrétaire de M. de Bellegarde pour avoir « *le délogement de 4 compagnies »*, 2 pistoles ;

1633 Pour 8 carpes aux Minimes et aumônes, 54ˡ ;

1633 Pour le prix de quatre arpents de bois donnés pour la
fourniture de Mgr le prince de Condé, 96ˡ ;

1633 Pour trois feuillettes de vin au même, 50ˡ ;

1634 Pour les « *menues parties* » de la dépense de Mgr le
prince, 468ˡ 15ˢ, et à plusieurs reprises du vin et du
bois ; pour faire pêcher, 40ˡ ;

1634 Pour des « *treuphes* » présentées à Mgr le prince,
3 feuillettes de vin, brochets, carpes, bois et autres
« *menues parties* » nécessaires à son entretien, 541ˡ;

---

(1) Arch. de la Ville, CC 210 et suivants.

1635 On fait pêcher pour lui, on lui fournit vin et bois, 18¹ ;
1636 On nettoie le logis qui doit être habité par le prince et
      son fils le duc d'Enghien, X ;
1638 Plusieurs dépenses pour Monseigneur, notamment à
      M. Filsjehan, *gentilhomme de Mgr le Prince,*
      1600¹ ; pour conduire son fils, le duc d'Enghien,
      l'installer à Avallon, le conduire à Semur, etc., X ;
1641 A M. Filsjehan, comme ci-dessus, 500¹ ;
      Achat par la ville de la maison donnée à Mgr le
      Prince, 8200¹ ;
1642 A M. Filsjehan, 1030¹ ;
      On va à Chablis puis à Dijon « *rendre les debvoirs* »
      à Monseigneur, porter un pâté, un présent de 300¹ au
      comte de Chastellux, capitaine de chevau-légers,
      1543¹ ;
1645 Achat d'un chevreuil, perdrix et levreaux, 40¹ ;

Et, dans la suite, d'autres présents semblables et souvent très importants au prince de Condé ; nous n'en continuons pas l'énumération. (Voir archives de la Ville, CC 255 et suiv.)

1650 Voyage d'échevins à Dijon pour acceptation d'une
      donation de M. Odebert ; frais, 157¹ ; 16 perdrix, 16¹ ;
1656 Confitures aux dames d'Epernon, 16¹ ;

On commence à offrir des vins d'honneur ; cet article de dépenses se représente souvent les années suivantes.

      Vin d'honneur à l'évêque d'Autun et un muid de vin
      offert, 68¹ ;
1660 Vin offert a Madame la comtesse de Chastellux, à
      M. Seguenot, avocat général, a M. Filsjehan, maître
      des comptes ;

1663 Achat d'un « *liepvre* » et quelques « *treffes* » pour le
 prince de Conty passant par la ville, 48ˢ ;
 37 pintes de vin, 9ˡ ;
 Vin d'honneur à M. de Guitault, 3ˡ 4ˢ ; un lièvre, 40ˢ ;
 Confitures à Madame de Guitault, 13ˡ ; à Madame de
 Chastellux, 18ˡ 10ˢ ;
 Pour vin au comte de Chastellux, 4ˡ 10ˢ ;
1671 Au duc d'Enghien, gouverneur de la province, qui va
 faire son entrée à Dijon, vin, truffes, 107ˡ 7ˢ ;
 Vin d'honneur à l'évêque d'Autun, à M. d'Epinal, élu
 de la province, à M. Filsjehan, maître des comptes,
 et à M. de Berbisy, X ;
1674 Vin d'honneur et poisson à 6 personnes ; ens. 16ˡ 8ˢ ;
1678 Vin d'honneur et notamment au gouverneur de la
 ville, 108ˡ 3ˢ ;
1686 Vin d'honneur offert à des officiers de dragons; à
 M. Legoux, président à mortier; à Mgr l'évêque
 d'Autun, etc.;
1686 Confitures à Mesdames de Chastellux, de Saint-
 Chamant, de Barillon, plus 12ˡ de truffes à MM. de
 Chastellux et de Saint-Chamant et de vin d'honneur;
1691 On fait remplir les cimaizes (1) pour offrir au colonel
 du régiment de Vaugrenan; pour M. de Bertier ;
 pour Mgr d'Autun, etc.;
1700 Vin d'honneur a M. de Tavannes, gibier à l'inten
 dant ;

XVIIIᵉ SIÈCLE (2)

1701 9 pintes de vin à M. de Montbéliard, élu de la province, 4ˡ 10ˢ ;
1703 28 pintes de vieux vin à M. Jacob, élu de la province;
 Ferrand, conseiller ; à l'évêque d'Autun, etc.;

---

(1) Fûts en métal appartenant à la ville, d'une contenance
fixe.
 (2) Voir Arch. CC 304 et suiv.

1704 Présent à **M**. le maréchal de Vauban ; on chasse deux
    fois ; et un autre présent à l'occasion de la première
    entrée de l'évêque d'Autun ;

1709 Vin d'honneur à **M**. Varenne, commissaire, pour la
    visite des blés ;

1715 Vin d'honneur à M. Forest, commissaire aux étapes,
    Champion, élu du Tiers-Etat, etc.;

1718 Vin d'honneur offert à M. Cl.-Ant. Champion lors de
    son installation comme maire, et à divers ;

1719 Pour vin envoyé à **M**. l'intendant, 201¹ 5ˢ ;

Ici commence la distribution des vins en fûts et
l'on verra combien cet abus criant devient onéreux
pour la ville.

1720 On envoie trois feuillettes de vin à M. Milloin, secré-
    taire des commandements ; dépense, 103¹ 9ˢ ;

1720 Pour quatre feuillettes de vin à M. d'Auteuil, gouver-
    neur d'Avallon, 160¹ ; envoi à Paris, 44¹ 9ˢ ; et
    quatre feuillettes à M. l'abbé Mongin, 241¹ 10ˢ ;

1721 Vin à M. Bouhier, élu des Etats, Durand d'Aussy,
    grand-maître, et de Bierre, 229¹ 3ˢ ; au grand-maître
    d'Auxy, de Besançon, y compris transport et embal-
    lage du vin, 327¹ 5ˢ ;

    Vin à M. Chartraire, comte de Bierres, 235¹ ;

    3 feuillettes à M. Fargez, « *en reconnaissance de ses
    soins pour obtenir l'arrêt concernant les bois
    morts* », 232¹ ;

    A M. Parent, secrétaire de l'intendance, 130 lit.; à
    M. Raclet, secrétaire de M. d'Auxy, 200¹ ; à
    MM. Boillon et Michaut, greffiers des commissaires
    à Dijon, 120¹ ; au maire d'Auxonne de passage à
    Avallon, pour 9 pintes de vin, 11¹ 5ˢ ;

1729 Pour le vin *qu'on a pris l'habitude* de donner aux
    chefs de l'administration, ce qui est devenu comme
    un droit afférent à leur charge, car plusieurs récla-
    ment ou font réclamer, 757¹ 5ˢ ;

1763 Vin à chaque instant envoyé comme présent à l'intendant, au commandant de la province, au gouverneur de la ville, au secrétaire des commandements (1) ;
1774 On paie pour les vins d'honneur habituels, 1877ᶫ (2) ;
1779   —   —   1257ᶫ.

Cette énumération, qui est loin d'être complète et qui pourrait être continuée pour les années suivantes, suffit à confirmer notre appréciation. Il est fâcheux, pour la mémoire des Champion, que cet abus ait pris naissance à l'époque où ils administraient la ville à titre de maires perpétuels ; on sait à quel point leur administration fût favorable, d'autre manière, aux embellissements de la ville (3).

Le prince de Condé à Avallon et son fils le duc d'Enghien
(1632-1660)

En 1632, les Echevins d'Avallon ayant été prévenus de la prochaine arrivée en leur ville du prince de Condé, prince de la maison royale, lui préparèrent une réception pompeuse, digne de leur hôte et digne de leur ville.

Une maison appartenant à la famille Filsjehan, située au centre de la ville (4), fut louée à cette intention, ornée de tapisseries empruntées à Vézelay et appropriée au service du prince et de ses serviteurs. La ville fut décorée d'arcs de triomphe, de mâts avec

(1) Arch. de la Ville, CC 372.
(2)   —   CC 383.
(3) Renvoi (4) du folio 39, 1ʳᵉ partie.
(4) Ecole communale de filles.

écussons représentant le roi et le prince ainsi que leurs armes (1), enguirlandés de lierre et surmontés de banderolles flottant au vent (2).

Une nombreuse députation, accompagnant les échevins, alla au-devant du prince – gouverneur jusqu'à Cussy-les-Forges. Le maire Borot alla même jusqu'à Saulieu. On fit disparaître la potence de justice dressée à l'entrée de la ville afin de ne pas blesser la vue de « Monseigneur le Prince ».

Il fut conduit processionnellement en sa demeure sous un dais orné de hallebardes. (Détail à noter : les valets du prince s'emparèrent du dais après la cérémonie et la ville dut le leur racheter.) Une grande revue eut lieu sur les Chaumes. La ville lui fit présent d'un plateau en argent ciselé et doré, acheté à Dijon, portant les armes du prince et celles de la ville, lequel coûta 530 livres 5 sols ; elle lui fournit des provisions de toutes sortes : du vin, du gibier, du poisson, etc. ; il y eut de grandes réjouissances (3).

Cette réception enthousiaste flatta beaucoup le prince, qui prit les Avallonnais en affection. Il eut plaisir à séjourner parmi eux, à chasser au faucon dans les plaines voisines et au sanglier dans les forêts du Morvand.

Quatre ans plus tard, il revenait à Avallon avec son fils, le duc d'Enghien, encore enfant, pour le soustraire à la peste qui régnait à Dijon.

(1) Ces écussons furent peints par Jean Boizard et Pierre Perruche auxquels il faut attribuer aussi sans doute les devises et peintures de la salle des échevins.

(2) Arch. de la Ville, CC 239, et Baudoin, *Bulletin de la Société d'Etudes*, 1883.

(3) Prot, petite brochure intitulée : *Entrée solennelle à Avallon du prince de Condé.*

En 1640, la ville ayant acquis l'immeuble des Filsjehan, l'offrit au prince qui l'accepta comme gage d'affection. De temps à autre, il venait s'y reposer de ses campagnes et chasser. Lui, et son fils après lui, en jouirent pendant une vingtaine d'années.

Le prince de Condé mourut en 1646. Ce fut un grand deuil dans Avallon. Un service solennel fut célébré dans les églises de la ville pour le repos de son âme. L'année suivante, on célébrait encore un service d'anniversaire ; les cloches sonnaient par trois fois (on payait 10 livres aux sonneurs) (1).

Réjouissances publiques

A dater du xviiᵉ siècle, la ville ne fut plus mêlée directement aux événements militaires de la monarchie ; mais elle participa avec un enthousiasme parfois onéreux aux réjouissances publiques qui suivirent les événements mémorables de notre histoire nationale : victoires, traités de paix, naissances ou couronnements de princes royaux.

Nous en ferons mention à partir de 1643, date de l'avènement de Louis XIV :

Années	ÉVÉNEMENTS CÉLÉBRÉS — DÉTAILS	Dépenses	Renvoi aux Archives
1643	Prise de Thionville, feux de joie....	20ˡ	(CC 251)
1646	Prise de Dunkerque (main d'œuvre), feux de joie....	6ˡ	(CC 253)
1654	Prise d'Arras, feux de joie..	61ˡ 10ˢ	(CC 260)
1660	Paix des Pyrénées, feux d'artifices, pain, vin, échaudés, mâts décorés, décharges de couleuvrines... ...	68ˡ	(CC 267)
1661	Naissance du Grand Dauphin, feux de joie....	28ˡ	(CC 268)
1678	Traité de Nimègue, feux de joie.....	66ˡ 5ˢ	(CC 281)

(1) Arch. de la Ville, CC 254.

Années	ÉVÉNEMENTS CÉLÉBRÉS — DÉTAILS	Dépenses	Renvoi aux Archives
1679	Réception du duc de Bourgogne; on lui offre les clefs de la ville......	263¹ 30ˢ	(CC 282)
1682	Naissance du Dauphin, feux de joie, décharges d'artillerie, hautbois et tambours, décoration d'un théâtre	306¹ 15ˢ	(CC 285)
1684	Naissance du duc d'Anjou et prise du Luxembourg, feux de joie.... ..	20¹ 3ˢ	(CC 287)
1686	Naissance du duc de Berry, feux de joie....	91¹ 9ˢ	(CC 289)
1697	Paix de Riswick entre la France et l'empire d'Allemagne, feux de joie, feux d'artifice, tambours, torches......	43¹	(CC 299)
1703	Prise de Brissac, feu de joie devant l'Hôtel de Ville......	X	(CC 307)
1709	Naissance du duc d'Anjou, *Te Deum*	X	(CC 313)
1712	Prise de Douai et du Quesnoy, —	X	(CC 316)
1729	Naissance du Dauphin, père de Louis XVI. On sonne les cloches de la ville pendant quatre nuits, de 6 heures du soir à 4 heures du matin, en signe de réjouissance; on achète à Dijon 50 torches pour une promenade aux flambeaux; on fait venir de loin des tambours et des musiciens; le potier de terre du faubourg Saint-Martin fournit 1300 lampions; on fait des décharges de couleuvrines; on termine la fête par un grand feu d'artifice à quatre piliers. On place deux muids de vin aux quatre piliers. Dépense considérable	2741¹	(CC 334)
1734 à 1775	On peut relever sur les comptes diverses dépenses de même nature: en 1734, pour la prise de Parme et de Philisbourg; en 1743, pour la réduction du comté de Nice, la prise d'Ypres, de Furnes; en 1745, pour la prise de Fribourg, de Tournay, etc.; en 1746, pour la prise de Bruxelles, Anvers, la bataille de Rocroy, etc		(CC 340 à 355)
1775	On dépense pour aumônes, feux de joie et réjouissances publiques à l'occasion du sacre et du couronnement du roi (Louis XVI)	298¹	(CC 384)

Célébrités militaires Avallonnaises

L'Avallonnais étant pays frontière avant Louis XI, et exposé, comme tel, aux invasions et à la guerre, avait vu l'esprit belliqueux et patriotique de ses habitants se développer au plus haut point.

Cet esprit avait survécu à sa réunion à la France et nous avons pu, dans les pages précédentes, en constater les manifestations.

Il est peu de pays, en effet, qui puisse se glorifier de trois maréchaux de France et de sept généraux de l'Empire ; sans compter les nombreux officiers qui s'étaient illustrés dans les dix années qui précédèrent la Révolution (1), sans compter non plus François de la Magdeleine, *marquis de Ragny,* maréchal de camp, qui commandait l'Auxois sous Henri IV et qui mérite une mention spéciale.

(1) Il y avait alors, dans l'Avallonnais, un nombre étonnant d'officiers de l'armée. Nous pourrions en citer plus de cinquante qui ont servi la France de 1780 à 1790.

    Le marquis de Chastellux, lieutenant général, mort en 1784. Puis deux autres Chastellux, dont l'un était maréchal de camp, et son cousin, le comte de Chastellux, colonel du régiment de Beaujolais et brigadier des armées.

Le baron d'Anstrudes.
de Préchâteau.
Bardel.
Baudenet d'Annoux.
Baudenet Guillaume et son fils.
Berthier de Grandry et son frère
de Bien.
de Bois de Bonval.
de Brisse.
Borot.
Champion de Montigny.
Champion de Saint-André.
Colas de Ponty.
de Conygham de Moutomble.
Destutt d'Assay.

1° LES TROIS MARÉCHAUX

Le maréchal de Chastellux (Claude de Beauvoir),
1385-1453, descendait d'une famille très ancienne.
Elevé au milieu des luttes féodales qui affligeaient le
pays, il passa sa jeunesse à guerroyer. A 24 ans,
Jean-sans-Peur, duc de Bourgogne, en faisait son
chambellan. Il combattit pour son duc et pour son
roi dans la Normandie envahie par les Anglais ; prit
parti, avec son suzerain, contre le comte d'Armagnac,

Destutt de Blannay et son frère.
Davout, major, et son fils.
Despence de Pomblain.
Estiennot de Vassy.
Gaillard de Givry.
Guesse de Valcour et son frère.
Guillaume de Sermizelles (les deux frères).
Guyot de Montou.
Huguet d'Etaules.
Laureau de Labarre.
de La Loge.
Letors de Larrey.
Letors de Valenceau.
Minard des Pannats, brigadier des armées
Minard des Alleux,   id.   id.
Monfoy et frère.
Morot de Grésigny et son fils.
Morot de Lautreville.
Morot de Railly.
Morot François.
Mullot de Villenot.
Pichenot.
Préjean.
Poussard.
Prévost Simon.
Tenaille de Vaulabelle.
de Teureau de Rochefort.
Rousseau de Vermot.
Turgot.
de Denesvre et ses neveux.
de Denesvre de Domecy.
de Denesvre de l'Isle.
Champion d'Annéot, etc., etc.

(Bulletin d'Avallon, Raudot, 1860.)

qui était maître de Paris. Ils y pénétrèrent ensemble par trahison. A cette occasion, Claude de Beauvoir fut créé maréchal de France par Charles VI (1418).

Survint l'assassinat de Jean-sans-Peur (1419), qui fut provoqué ou encouragé, dit-on, par le dauphin (depuis Charles VII). Immédiatement, les Bourguignons prennent parti pour les Anglais qui, après s'être emparés de Paris, se disposent à combattre les troupes royales. Celles-ci sont vaincues à Verneuil et à Cravant avec le concours du maréchal de Chastellux. Cravant est restitué au Chapitre d'Auxerre qui accorde un canonicat au chef de la maison de Chastellux en souvenir de cet événement.

En 1426, il réduit Mailly-le-Château, dont il fait raser les fortifications.

En 1427, il combat dans le Nivernais les compagnies françaises ; succède dans l'Auxois, en 1432, au commandement du maréchal de Toulongeon.

En 1433, il participe au siège d'Avallon, dont il est nommé capitaine gouverneur ; est chargé de réparer les fortifications pour lesquelles le duc lui alloue des subsides.

En 1435, il lutte contre les Ecorcheurs et compose avec eux pour ses domaines.

En 1445, il est commis temporairement au gouvernement du Nivernais.

On le retrouve à Chalon en 1448, à l'Assemblée des députés de la Noblesse.

Il meurt en 1453 et est enterré dans l'église cathédrale d'Auxerre dont il était chanoine. On lui attribue la devise « *Montréal à sire de Chastellux* » (1).

(1) Voir Ernest Petit, *Avallon et l'Avallonnais*.

Le maréchal Vauban (Sébastien Leprêtre), 1633-1707, né à Saint-Léger-de-Fourcheret (aujourd'hui Saint-Léger-Vauban), est certainement la plus noble figure dont puisse se prévaloir les Avallonnais. Il grandit au milieu des enfants de son village, ne recevant qu'une instruction fort incomplète. Il apprit cependant, à Semur, les premiers éléments de géométrie.

A 17 ans (1750), il entra en Espagne au régiment de Condé où il fut entraîné à combattre pour la Fronde contre les troupes française, mais il revint bientôt sous le drapeau de son pays.

Cet homme de génie, à force de travail et de volonté, devint, sans maître, un des hommes les plus éclairés de son temps ; il était consulté sur tous les travaux publics importants de l'époque. Sa carrière, comme ingénieur militaire, fut des plus laborieuse. On s'en rendra compte par le résumé de ses travaux :

Il édifia 33 places fortes ;

Il restaura 300 forteresses anciennes ;

Il conduisit 53 sièges ;

Il participa à 750 actions de vigueur.

Mais ses aptitudes remarquables ne se concentrèrent pas exclusivement sur les affaires militaires. Il devait étonner le monde par ses conceptions généreuses et ses vues larges et profondes. Il dédaignait les grades et les honneurs et mettait avant tout l'accomplissement du devoir.

Quel autre homme eût voulu, comme lui, détourner le roi de le nommer maréchal de France, sous prétexte qu'il ne pourrait plus, en vertu de sa dignité, diriger de sièges et combattre sous un général ; quel autre eût offert de rendre son bâton de maréchal, pour prendre un commandement au siège de Turin ?

Lorsque Louis XIV révoqua l'édit de Nantes (1685), Vauban ne craignit pas de donner son avis respectueux au roi pour éviter une mesure qu'il jugeait fatale à son pays.

Grand sociologue autant que grand ingénieur, il exposa dans sa *Dixme royale* ses vues sur les mesures qui pouvaient contribuer au bonheur du peuple, tout en fortifiant l'autorité royale ; sa vie errante, à travers l'Europe, avait développé chez lui l'expérience des hommes et des choses. Il aurait voulu supprimer les impôts les plus vexatoires et les remplacer par un impôt qu'il appelait la *dixme royale*, lequel eut frappé tous les fruits de la terre et tout ce qui peut procurer un revenu aux hommes. Il terminait son livre par cette phrase touchante : « *Je n'ay plus qu'à prier Dieu de tout mon cœur que le tout soit pris en aussi bonne part que je le donne ingénuement et sans autre passion ni intérêt que celuy du service du Roy, le bien et le repos de ses peuples.* »

Et cependant, ce livre fut cause de sa disgrâce ; il menaçait trop d'intérêts particuliers pour ne pas susciter des ennemis à ses projets ; on ne pardonna pas à cet homme de s'occuper d'administration et de politique.

Il fut traité d'illuminé. Le roi, circonvenu, reçut très mal Vauban lorsqu'il lui présenta son ouvrage.

Le malheureux maréchal ne put survivre aux bonnes grâces de son souverain et mourut peu de mois après, consumé de douleur.

La postérité, ainsi que le dit excellemment

M. Raudot (1), a vengé Vauban, ce *sublime insensé pour l'amour du peuple,* et lui a fait une place à part au milieu de cette multitude d'hommes illustres que la France a produits pendant le grand siècle.

Au milieu de ses gigantesques travaux, Vauban n'oubliait pas le pays natal; il venait de temps en temps au château de Bazoches. Il avait projeté de rendre le Cousin navigable jusqu'aux faubourgs d'Avallon et l'on pourrait citer une foule de mémoires écrits par lui dans un but d'intérêt purement local. Les Avallonnais lui en furent reconnaissants. En 1704, une députation composée du maire et d'un échevin se rendait à Bazoches afin de rendre au maréchal les hommages des habitants d'Avallon (2). On chassa deux fois à son intention et on lui offrit plusieurs fois du gibier (3).

Une statue lui a été élevée en 1873 sur la principale place de la ville.

Le maréchal Davout (Louis-Nicolas), 1770-1823. Né dans le village d'Annoux, arrondissement d'Avallon, il descendait d'une famille militaire de vieux gentilhommes sans fortune. Après sa sortie de l'école militaire de Brienne, où il fit ses études en même temps que Napoléon, il était nommé à 19 ans sous-lieutenant dans le régiment de Champagne-cavalerie (1789). Il se fit connaître, au grand chagrin de sa famille, par l'exaltation de ses opinions révolutionnaires.

(1) Raudot, *Annuaire de l'Yonne*, 1861.
(2) Arch. d'Avallon, BB 4.
(3) Arch. d'Avallon, CC 308 à 309.

L'Assemblée Nationale convoqua en 1791 des bataillons de volontaires. Le département de l'Yonne en fournit trois et Davout fut nommé lieutenant au 3e bataillon qui s'achemina vers la Belgique. Il écrivait alors aux administrateurs du département de l'Yonne dans le style emphatique particulier à cette époque : « *Livrez sans pitié à la vengeance nationale tous ces lâches Français qui demandent un roi pour nous mettre de nouveau dans les fers.* »

En 1794, il tenta de s'emparer de Dumouriez qui voulait soulever les troupes contre la Convention, ce qui lui valut un décret honorable de la Convention et une lettre de félicitation des administrateurs du district. Dumouriez lui échappa.

Nous ne suivrons pas le maréchal dans sa carrière militaire où il déploya des talents militaires de premier ordre. Les faits d'armes où il s'illustra appartiennent à l'histoire nationale et ils seraient trop longs à énumérer.

Il ne fut pas seulement un tacticien incomparable, il était encore administrateur prévoyant, aimant à assurer le bien-être et la santé du soldat ; sa probité était exemplaire et il l'exigeait de ses subordonnés. Davout avait les défauts de ses qualités : il était dur pour lui-même, pour ses officiers, pour ses ennemis. Un de ses compatriotes, qui avait servi sous ses ordres comme capitaine, résumait son jugement en quelques mots : « *C'était un dur à cuire* » (1).

Il fut créé maréchal de France en 1804 et, après les batailles d'Auërstædt et d'Eckmühl (1806 et 1809), reçut en récompense le titre de duc d'Auërstædt et de

(1) Randot, *Annuaire*, 1861.

prince d'Eckmühl. A la Restauration, Davout se retira dans ses terres, en sortit pendant les Cent Jours, pour être ministre de la guerre et reçut, après Waterloo, le commandement général des armées ; mais il fut obligé de capituler en 1815.

Louis XVIII étant remonté sur le trône, prit une ordonnance par laquelle il exilait plusieurs généraux. Davout protesta et offrit généreusement de se substituer à des officiers qui n'avaient fait qu'exécuter ses ordres.

Il fut élevé à la pairie en 1819 et mourut en 1823(1).

Sa statue fut érigée à Auxerre en 1867 au moyen d'une souscription nationale.

2° Les sept Généraux de l'Empire

Desfourneaux (Borne, comte), né à Vézelay en 1767, général de division à 28 ans, contraignit les Anglais à évacuer Saint-Domingue (1797) et devint gouverneur de la Guadeloupe. Il fit la campagne d'Egypte avec Napoléon, mit fin à la rebellion de Toussaint Louverture ; encourut la disgrâce de Napoléon, par son caractère indépendant ; fut créé comte par Louis XVIII et mourut en 1849.

Razout (comte de), né en 1773, se couvrit de gloire dans les campagnes d'Italie, d'Allemagne et d'Espagne ; montra beaucoup de sang-froid dans la retraite de Russie, où il commandait en qualité de général de division. Napoléon l'éleva à la dignité de comte et le nomma grand officier de la Légion d'honneur. Il mourut en 1820 à Metz, où il commandait

(1) Raudot, *Annuaire,* 1861.

en qualité de lieutenant général des armées. Son grand-père était avocat à Avallon au commencement du xviiie siècle (1). Son petit-fils, Félix de Razout, est à la tête d'une importante industrie, à Avallon.

Habert, né en 1773 à Avallon, où il fit ses études, partit comme volontaire en 1792 ; participa comme commandant à une expédition contre l'Angleterre, sous les ordres de Hoche ; fit la campagne d'Egypte, où il fut créé colonel ; prit part aux batailles d'Iéna, d'Eylau et d'Helsberg où il fut blessé ; fut créé général de brigade en 1808 ; prit part, pendant six ans, à la guerre d'Espagne ; fut créé général de division en 1811 ; fit la campagne de France et finit ses jours en 1825 à Montréal. Il était oncle de M. Andoche Febvre qui fut maire d'Avallon et conseiller général (2). Nous possédons au Musée de la Société une ravissante esquisse d'enfant, œuvre de Mme Herbelin, fille du général Habert.

Prévost de Vernois (1778-1859). Né à Avallon, en 1778, descendait, par sa mère, de la famille Bouësnel. Entra en 1796 à l'Ecole polytechnique, de création récente, et se destina au génie. Il prit part aux campagnes d'Autriche et de Prusse, sous les ordres du maréchal Davout ; assista à la bataille d'Auërstædt à la suite de laquelle il fut nommé chef de bataillon (1807) ; prit part à l'expédition de Russie, fut fait prisonnier pendant la retraite ; libéré en 1815, il se retira à Avallon ; fut ensuite nommé directeur des fortifications à Saint-Omer et gouverneur de Strasbourg au titre de commandant du génie ; fit ensuite

(1) Baudiau, 2e vol., 321.
(2) *Bulletin de la Société d'Etudes,* 1869.

partie du comité des fortifications. Nommé général en 1831, lieutenant général en 1840, grand officier de la Légion d'honneur en 1846, il mourut en 1859, âgé de 81 ans (1).

Minard des Pannats, brave militaire, brigadier des armées, mort en 1794 à Avallon, à l'âge de 95 ans.

Candras (Saveltier, baron de), 1768-1812. Naquit à Epoisses, appartenait à l'Avallonnais par sa propriété de Santigny. Candras s'engagea en 1792 comme simple soldat ; par suite des circonstances exceptionnelles où se trouvait la France, il était déjà chef de bataillon en 1793. En 1797, il faisait la campagne du Rhin, comme colonel, sous les ordres de Moreau ; il fut nommé général, à la suite de cette campagne et coopéra aux victoires d'Austerlitz, d'Iéna et d'Eylau ; il fut créé en 1808 baron de l'Empire. Il habita Santigny de 1810 à 1812. Cette même année 1812, le général reçut l'ordre de se rendre à la Grande Armée où il se signala par son héroïsme. Il fut tué à la bataille de la Bérézina, en 1812 (2).

Boudin de Roville (ou de Nesvre), contemporain du général Habert, fit toutes les campagnes de l'Empire, commanda le département de l'Yonne, habita le château des Pannats, près Avallon.

Lorsqu'on pénètre pour la première fois dans la grande salle de l'Hôtel de Ville d'Avallon, on est frappé de l'aspect particulier de sa décoration : c'est

(1) Bibliothèque d'Avallon, *Biographie du général Prévost de Vernois.*
(2) *Bulletin de la Société d'Etudes,* année 1868.

un véritable musée de portraits historiques entourés de trophées du drapeau national. Il n'y manque que des panoplies d'armes et des emblèmes pour en faire le salon d'honneur d'un chef-lieu de gouvernement militaire.

Voici, à l'entrée, à notre droite, une immense toile représentant le général Habert, à cheval, chargeant les Espagnols à la tête de son régiment. Cette peinture est l'œuvre de Belloc, peintre de talent, parent du général.

Puis, sur les lambris de droite, les portraits du général Prévost de Vernois, en costume de général du génie ; du maréchal Davout ; du maréchal Vauban, entouré, dans sa tente, de plans de forteresse ; du général de Gouvenain, souvenir de famille que son fils a légué à la ville (1).

Combien d'autres y pourraient encore figurer avec honneur. Nous voudrions surtout y voir le portrait du maréchal de Chastellux ; on serait alors autorisé à appeler cette magnifique galerie : *la salle des Maréchaux*. Ce serait glorieux pour notre petite ville. Nous ne désespérons pas de voir notre vœu se réaliser.

La ville d'Avallon conserve, on le voit, avec un soin pieux le souvenir de ses plus valeureux enfants, non seulement pour entretenir la tradition d'un passé chevaleresque, mais pour enseigner aux jeunes générations ce que peut le sentiment du devoir uni au culte de la Patrie.

Mai 1904.   J. PRÉVOST.

(1) La salle est en réparation ; les tableaux seront replacés dans un ordre différent.

TABLE DES MATIÈRES

PREMIÈRE PARTIE

TECHNOLOGIE DE LA DÉFENSE

DEUXIÈME PARTIE

CHRONIQUE MILITAIRE AVALLONNAISE

AVALLON. — Imprimerie Paul GRAND, 14, rue de Lyon.

www.ingramcontent.com/pod-product-compliance
Ingram Content Group UK Ltd.
Pitfield, Milton Keynes, MK11 3LW, UK
UKHW021522090726
13657UKWH00001B/385